교과서가 쏙쏙

초등부터 수능독해

지은이 김희정

고려대학교에서 국어국문학을 전공하고, 교과서와 교재 대표 출판사인 천재교육에서 10년,
비상교육에서 20년간 근무하였습니다. 30년 동안 초등학생, 중학생, 고등학생의 효과적인 학습 방법에
대한 연구를 거듭하며 교재나 교과서를 통해 구현해 왔습니다. 자기 주도 학습을 가장 잘 할 수 있는
교재인 '완자'를 개발하고, 한 권으로 국어 학습을 끝낼 수 있는 '한끝 국어'를 기획했습니다.
초등 학습과 고등 학습을 연계한 도서도 학생들에게 필요할 것이라고 생각하던 차에, 초등 교과서만
제대로 읽어도 수능 독해 지문을 읽을 수 있는《교과서가 쏙쏙 초등부터 수능 독해》를 내게 되었습니다.
국어를 가르치는 일에 관심이 많아 한국어 교사 자격증을 취득하여 일본인에게 한국어를 가르치는 일도
하고 있습니다. 알고 있는 지식을 필요한 누군가에게 나누는 일에 보람과 즐거움을 느낍니다.

교과서가 쏙쏙
초등부터 수능 독해

1판 1쇄 발행일 2023년 3월 10일

지은이 김희정   그림 박은애
펴낸곳 (주)도서출판 북멘토   펴낸이 김태완
편집주간 이은아   편집 김경란, 조정우   디자인 키꼬, 안상준   마케팅 이상현, 민지원, 염승연
출판등록 제6-800호(2006. 6. 13.)
주소 03990 서울시 마포구 월드컵북로6길 69(연남동 567-11) IK빌딩 3층
전화 02-332-4885   팩스 02-6021-4885   🏠 bookmentorbooks.co.kr
✉ bookmentorbooks@hanmail.net   📷 bookmentorbooks__   f bookmentorbooks

ⓒ 김희정 2023

ISBN 979-89-6319-506-3 63710

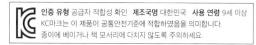

교과서가 쏙쏙

초등부터
수능 독해

김희정 지음

북멘토

이 책의
특징

초등 교과서의 내용이 수능 독해에도 연결된다는 걸 알고 계신가요? 국어, 사회, 과학 과목의 초등 교과서만 꼼꼼히 읽어도 수능 독해를 대비할 수 있습니다.

《교과서가 쏙쏙 초등부터 수능 독해》는 최근 사회 전반으로 관심이 높아진 문해력을 기를 수 있도록 구성되었습니다. 글을 잘 읽으려면 어휘의 뜻을 알아야 하고, 문장의 구조를 파악해서 글쓴이가 말하고자 하는 의도를 찾아내야 합니다. 그런데 배경지식이 있다면 모르는 어휘가 나와도 문맥 속에서 의미를 파악할 수 있는 힘이 생깁니다.

이 책은 초등 교과서 교과 내용과 대학 수학 능력 시험 국어 영역의 지문 중에서 주제가 비슷한 것을 같이 묶어서 제공하고 있습니다. 친숙한 교과서 내용을 바탕으로 독해 훈련을 한 후 수능형 지문을 접하기 때문에 거부감 없이 어려운 지문을 읽을 수 있습니다.

또한 영역별 다양한 텍스트를 활용해 어린이들의 독해 능력을 실질적으로 향상시킬 수 있도록 했습니다. 단순히 글을 읽는 것을 넘어서 다양한 상황의 맥락을 파악하고 분석하며 글을 창의적으로 읽는 방법을 연습함으로써 여러 분야의 텍스트로 독해 능력을 확장하고 전반적인 독서 능력을 기를 수 있습니다.

1단계
그림이나 만화 또는 친숙한 생활 관련 상황을 재미있는 그림으로 담아 글 읽기의 진입 장벽을 낮춥니다.

2단계
국어, 사회, 과학 교과서 지문을 활용한 친숙한 글을 통해 어휘와 문장 구조를 파악하는 법을 익힙니다.

3단계
2단계와 비슷한 주제의 수능 지문을 활용한 긴 글을 통해 구조적이고 분석적인 독해 방법을 익힙니다.

1단계 그림과 함께 읽기

재미있는 그림을 보면서 상황의 맥락을 파악하고 기본적인 어휘를 익힙니다. 숨은그림찾기, 만화, 암호 기호 해독, 풍속화, 동화 속 장면, 친숙한 생활 관련 일화 등 어린이의 흥미를 유발할 수 있는 재미있는 그림을 보면서 상황과 맥락을 파악하고 다양한 독해 요소를 이끌어 냅니다. 초등 성취 기준을 바탕으로 학년별로 필요한 어휘 학습이 가능하도록 구성했습니다.

2단계 초등 교과서 읽기

초등학교 국어, 사회, 과학 영역 교과서 내용을 응용한 짧은 글을 통해 다음 단계의 긴 글 읽기에 필요한 독해 연습을 할 수 있도록 구성했습니다. 1단계보다 높은 수준의 어휘와 문장 구조를 파악하는 능력을 기를 수 있습니다. 교과 내용을 중심으로 구성하여 학년별 수준을 맞추고 교과 이해도 가능하도록 구성했습니다.

3단계 수능형 지문 읽기

대학 수학 능력 시험의 출제 지문과 평가 모의 고사 지문을 어린이들의 수준에 맞게 재구성하여 학생들이 다양한 분야의 지식을 습득하고 글 읽기의 시야도 확장할 수 있도록 구성했습니다. 2단계의 텍스트를 통해 얻은 배경지식과 어휘, 문장과 문단 구조 파악하기 등을 바탕으로 긴 글을 구조적이고 분석적으로 읽는 독해 능력을 기를 수 있습니다. 이를 바탕으로 다른 분야의 텍스트 읽기로 독서 능력을 확장할 수 있습니다.

이 책의 구성과 활용법

1단계

그림과 함께 읽기

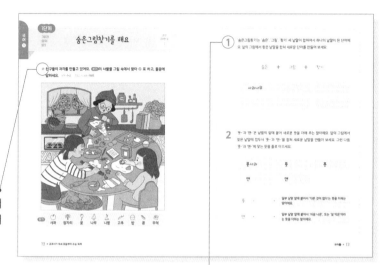

재미있는 그림을 보면서 놀이하듯 다음 단계에서 제시될 주제에 대해 워밍업을 합니다.

초등 연령별 필수 어휘를 제시하고 단어의 구조를 파악하는 문제를 제시합니다.

2단계

초등 교과서 읽기

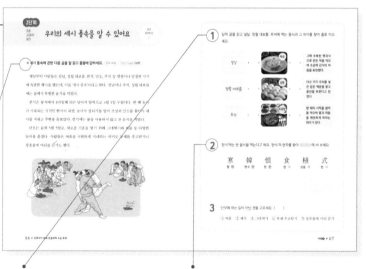

국어, 사회, 과학 교과 내용을 활용한 짧은 글을 제시함으로써 문장과 문단의 내용과 구조를 파악하는 방법을 익히고 교과 내용을 학습할 수 있습니다.

교과 영역의 주요 개념과 내용을 익힐 수 있는 문제를 제시합니다.

1단계보다 높은 수준의 어휘와 한자를 아울러 학습할 수 있는 문제를 제시합니다.

3단계

수능형
지문
읽기

국어, 사회, 과학 교과와
관련하여 독해 훈련에
중점을 둔 문제를 제시
합니다.

3단계에서는 어휘, 이해, 응용 영역으로 나뉘어 글을 분석적으로 읽는 방법을 학습할 수 있습니다.

어휘 영역에서는 단어를 긴 글과 문장의 백락 속에서 파악하는 연습을 합니다.

이해 영역에서는 글의 주제와 내용을 정확히 이해할 수 있도록 주요 정보를 요약해 익힐 수 있는 문제를 제시합니다.

응용 영역에서는 긴 글을 읽고 얻은 정보를 바탕으로 이해를 확장하고 다른 분야와 연계하여 활용할 수 있는 수능형 문제를 제시합니다.

이 책의 차례

그림

1

1단계 | 그림과 함께 읽기 | 숨은그림찾기를 해요

2단계 | 초등 교과서 읽기 | 단일어와 복합어를 배워요
국어 4-1 〈사전은 내 친구〉

3단계 | 수능형 지문 읽기 | 단어 구성 방식을 짐작해요
2021년 수능 〈단어의 형성〉

2

1단계 | 그림과 함께 읽기 | 맞춤법에 맞게 편지를 써요

2단계 | 초등 교과서 읽기 | 국어사전을 활용해요
국어 4-1 〈사전은 내 친구〉

3단계 | 수능형 지문 읽기 | 읽기 능력을 키워요
2022년 6월, 고3 학력 평가 〈독해와 어휘력〉

3

1단계 | 그림과 함께 읽기 | 배경지식이 필요해요

2단계 | 초등 교과서 읽기 | 문단 짜임을 이해해요
국어 3-2 〈중심 생각을 찾아요〉

3단계 | 수능형 지문 읽기 | 능숙한 독자의 능력과 태도를 익혀요
2022년 3월, 고3 학력 평가 〈능숙한 독자의 글 읽기〉

숨은그림찾기를 해요

❖ 친구들이 과자를 만들고 있어요. 보기 의 사물을 그림 속에서 찾아 ○ 표 하고, 물음에 답하세요. 문제·1~2 정답과 도움글·118쪽

보기 사과 잠자리 꽃 나무 나팔 고추 밥 콩 주먹

1 '숨은그림찾기'는 '숨은', '그림', '찾기' 세 낱말이 합쳐져서 하나의 낱말이 된 단어예요. 앞의 그림에서 찾은 낱말을 합쳐 새로운 단어를 만들어 보세요.

2 '풋-'과 '맨-'은 낱말의 앞에 붙어 새로운 뜻을 더해 주는 말이에요. 앞의 그림에서 찾은 낱말에 접두사 '풋-'과 '맨-'을 합쳐 새로운 낱말을 만들어 보세요. 그런 다음 '풋-'과 '맨-'에 맞는 뜻을 줄로 이으세요.

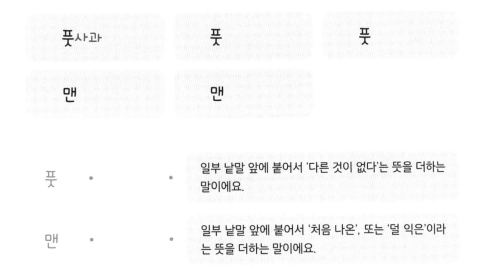

풋 •   • 일부 낱말 앞에 붙어서 '다른 것이 없다'는 뜻을 더하는 말이에요.

맨 •   • 일부 낱말 앞에 붙어서 '처음 나온', 또는 '덜 익은'이라는 뜻을 더하는 말이에요.

단일어와 복합어를 배워요

❖ 단일어와 복합어에 대한 글을 잘 보고 다음 물음에 답하세요. 문제·1~3 정답과 도움글·118쪽

　낱말은 더 이상 나누어지지 않는 하나의 낱말로 이루어지거나, 두 개 이상의 낱말이 합쳐져 만들어진다.

　더 이상 나누어지지 않는 낱말을 쪼개면, 쪼개진 각각의 글자들은 아무 뜻도 갖지 않는다. 예를 들어 '나무'를 '나'와 '무'로 나누었을 때, '나'와 '무'라는 글자 각각은 아무 뜻도 없다. 이처럼 의미를 지니는 말로 나눌 수 없는 낱말을 '쪼갤 수 없는 낱말', 즉 '단일어'라고 한다.

　단일어와 달리, 쪼개진 낱말 각각이 뜻을 지니고 있으면 '복합어'라고 한다. 예를 들어 '감나무'는 '감'과 '나무'라는 각각의 뜻을 지닌 말이 합쳐진 단어로, 복합어에 해당한다.

　모든 낱말은 단일어 아니면 복합어이다. 복합어는 단일어와 단일어가 합쳐져 만들어지므로 표현하려는 내용이 더 풍성해진다.

감나무　　　　　감　　　　　나무

1 앞의 글을 잘 읽고 다음 문장의 □에 적절한 말을 쓰세요.

더 이상 쪼개지지 않는 낱말을   라고 하고, 더 작게 쪼갤

수 있는 낱말을   라고 합니다.

2 다음 낱말들을 보고 단일어에는 ○를, 복합어에는 △를 그리세요.

사과   감나무   얼굴   돌다리

부대찌개   고구마   고무신   쌀밥

3 앞의 글 내용을 바르게 이해하지 <u>못한</u> 것을 고르세요. (   )

① '부대찌개'는 '부대'와 '찌개'로 쪼갤 수 있으니 복합어이다.

② '나비'를 '나'와 '비'로 쪼개면 각각 뜻을 지니기 때문에 복합어이다.

③ '숨은그림찾기'는 '숨은', '그림', '찾기' 셋으로 쪼갤 수 있으니 복합어이다.

④ '풋사과'의 '풋-'은 '덜 익은'이라는 뜻을 지니기 때문에 '풋사과'는 복합어이다.

⑤ 짚신, 고무신, 가죽신처럼 복합어는 신발의 종류를 더 자세히 알려 주므로 표현하려는 내용이 풍성해진다.

단어 구성 방식을 짐작해요

❖ **다음 글을 잘 읽고 물음에 답하세요.** 〔문제·어휘/이해/응용〕 〔정답과 도움글·118~119쪽〕

가   우리는 단어의 뜻이 생겨난 과정을 통해 단어에 담긴 사람들의
생각과 더불어 당시 시대적인 모습을 짐작할 수 있다. 조선 시
대 후기의 개화사상가인 유길준은 조선 최초로 일본과 미국에
서 유학을 하였다. 그는 자기가 보고 들은 내용들을 책으로 냈
는데, 그 책의 이름이 《서유견문》(1895년)이다.

나   유길준의 《서유견문》에는 '원어기'라는 말이 등장한다. 이것은
영어의 'telephone'에 해당하는 단어이다. 'telephone'은 당시
우리나라에 없었던 물건이었기 때문에 이것을 소개하는 새로
운 단어가 필요했고 '원어기'라는 말이 만들어졌다. '원어기'는
'말을 멀리 보내는 기계'라는 뜻이다. 오늘날의 '전화기'가 '전기
를 통해 말을 보내는 기계'의 뜻이라는 점과 비교해 보면 '원어
기'는 말을 '멀리' 보낸다는 점에 초점을 두었고, '전화기'는 말을
'전기로' 보낸다는 점에 초점을 두었다. 이처럼 같은 대상이라도
무엇에 초점을 두는지에 따라 그것을 표현하는 단어가 달라지
기도 한다.

다   개화기[1] 때 발간된 사전에는 소젖메주라는 말이 나온다. 외국

1 **개화기** 이전의 봉건적 사회 질서를 타파하고 근대 사회로 개혁되어 가던 시기를 말한다.

에서 새롭게 유입된 물건을 이미 사용하던 일상의 단어로 표현한 것이다. '소젖메주'는 '치즈'에 대응하는 단어이다. 간장과 된장의 재료인 메주는 발효해서 만든다. 치즈라는 새로운 음식의 이름을 만들기 위해 이미 있던 '메주'라는 일상의 단어로 대상을 인식했음을 보여 준다. '버터'는 '소젖기름'으로 표현했다. 이 또한 기존에 사용하던 일상의 단어로 새롭게 유입된 대상을 표현한 말이다.

라

2 **《가례언해》** '언해'는 한글로 해석한다는 의미로, 《가례언해》는 중국의 《가례》를 한글로 풀이한 책이다.

조선 후기에 중국의 책을 한글로 번역한 《가례언해》[2](1632년)에 따르면 '총각'은 '머리를 땋아 두 갈래로 나눠서 맨 모양'을 이르는 말이었다. 조선 시대에는 결혼하면 상투를 틀었고 결혼 전에는 머리를 두 갈래로 땋아 매었다. 하지만 오늘날 그러한 의미가 사라지고 '총각'은 '결혼하지 않은 어른 남자'를 뜻하는 말로 굳어졌다. 특정한 행위를 나타내던 단어가 이와 관련된 사람을 지시하는 말로 그 의미가 변한 것이다. 여기에서 남자도 머리를 땋아 묶었던 과거의 관습을 짐작할 수 있다. '부대찌개'라는 단어 역시 한국 전쟁 이후 미군 부대에서 나온 재료로 찌개를 끓였던 것에서 유래한 단어라는 점에서 시대의 흔적을 담고 있다.

마

요즘 많이 쓰는 말 중에 '딸바보'라는 말이 있다. 이는 딸 앞에서 바보가 될 정도로 딸을 너무나도 사랑하는 부모를 이르는 말이다. 딸과 바보가 합쳐져서 만들어진 말인데, 딸을 사랑하는 부모라는 말보다 '딸바보'라는 단어가 짧으면서도 전달력이 있다.

또한 '웃프다'라는 말도 있다. 이는 '웃기다'와 '슬프다'가 합쳐져 만들어진 말로, 웃긴데 슬프다는 의미를 담고 있다. 사람들의 감정을 좀 더 다양하게 표현하기 위해 만들어진 말이다. '딸바보'나 '웃프다' 같은 말이 만들어지는 과정을 통해 이 시대의 모습을 짐작해 볼 수 있다. 현재 이 말들은 표준어로 인정받고 있지 않지만, 표준어로 인정받는 날이 올 수도 있다. 예전이나 오늘날이나 사람들은 자신의 생각을 전달하기 위해 다양한 방식으로 단어를 만들어 표현한다.

1 '짐작'이라는 말이 바르게 쓰이지 <u>않은</u> 문장을 고르세요. (　　)

① 무슨 일이 벌어질지 대충 짐작이 간다.

② 어디에 있을지 짐작 가는 데가 없습니까?

③ 전화 목소리만으로는 나이를 짐작할 수 없었다.

④ 글쓴이의 마음을 짐작하기 위해 비슷한 경험을 떠올려 보았다.

⑤ 엄마가 내 생일 선물로 무엇을 주실지 이미 짐작이 안 된다.

2 밑줄 친 말과 비슷한 뜻의 말에 ○표 하세요.

(1) 새롭게 <u>유입된</u> 물건을 이미 사용하던 일상의 단어로 표현한 것이다.

　　(들어온 / 생겨난)

(2) 미군 부대에서 나온 재료로 찌개를 끓였던 것에서 <u>유래한</u> 단어이다.

　　　　　　　　　　　　　　(들어온 / 생겨난)

3 《서유견문》의 한자 뜻을 보고 이 책의 성격을 한 줄로 정리한 문장이에요. □에 적절한 말을 쓰세요.

西　　　遊　　　見　　　聞

서녘 서　　놀 유　　볼 견　　들을 문

서양을 여행하면서 　　　　　　　 것을 적은 기행문입니다.

1 앞 글의 내용을 바탕으로 다음 글의 □에 적절한 말을 쓰세요.

(1) 유길준의 《서유견문》에서는 지금의 전화기를   라고 했는데, 이는 '말을 멀리 보내는' 것에 초점을 둔 것이다.

(2) 소젖메주는 새로 들어온 대상을 표현하기 위해 음식의 재료와 만드는 방법을 기존에 사용하던   의 단어를 이용해서 만들어 낸 말이다.

(3) '총각'은 특정한   를 나타내던 단어가 이와 관련된   을 지시하는 말로 그 의미가 변한 것이다.

2 앞 글의 내용을 바르게 이해하지 <u>못한</u> 것을 고르세요. (   )

① 유길준의 《서유견문》에는 우리나라에 없었던 물건을 소개하기 위한 새로운 단어가 나온다.

② 같은 대상이라도 무엇에 초점을 두는지에 따라 그것을 표현하는 단어가 달라지기도 한다.

③ 개화기 시대에 새로운 물건을 소개하기 위해 기존에 사용하던 일상의 단어를 이용하여 표현하기도 했다.

④ 과거에 사용하던 말이 지금은 의미가 바뀌었어도 그 말에서 과거의 관습을 짐작할 수 있다.

⑤ 예전에 단어를 합쳐서 복합어를 만드는 방식은 현재의 다양한 방식과 비교해 차이가 있다.

1 앞 글의 내용을 바탕으로 다음 **보기**의 내용을 추론한 것으로 적절하지 <u>않은</u> 것을 고르세요. (   )

> **보기**
> ● '립스틱'을 여성들이 입술에 바르던 염료인 '연지'라는 단어를 사용해 '입술연지'라고도 했다.
> ● '변사'는 무성 영화를 상영할 때 장면에 맞추어 그 내용을 설명하던 직업을 가진 사람을 뜻한다.
> ● '수세미'는 박과의 한해살이 덩굴풀을 뜻하는데, 그 열매 속 섬유로 그릇을 닦았다. 오늘날 공장에서 만든 설거지 도구도 '수세미'라고 한다.
> ● '혁대'의 순화어로 '가죽으로 만든 띠'라는 뜻의 '가죽띠'와 '허리에 매는 띠'라는 뜻의 '허리띠'가 제시되어 있다.
> ● '양반'은 조선 시대 사대부를 이르는 말이었지만 지금은 '점잖은 사람'이라는 뜻으로 주로 쓰인다.

① '입술연지'는 '소젖메주'처럼 일상의 단어로 새로운 대상을 인식한 예로 볼 수 있어.

② '변사'는 무성 영화와 관련해 쓰인 단어라는 점에서 시대상이 반영된 예에 해당해.

③ '수세미'는 기존의 의미에 새로운 의미가 더해졌다는 점에서 '총각'과 유사한 사례에 해당해.

④ '가죽띠'는 '재료'에, '허리띠'는 '착용하는 위치'에 초점을 둔 단어라는 점에서 서로 다른 인식이 반영되었어.

⑤ '양반'은 신분의 구분이 있었던 사회의 모습을 엿볼 수 있다는 점에서 시대의 흔적을 담고 있어.

맞춤법에 맞게 편지를 써요

❖ 어버이날에 미나가 쓴 편지를 잘 읽고 물음에 답하세요. 문제•1~3 정답과 도움글•120쪽

엄마, 아빠께

어버이날을 맞아서 엄마, 아빠께 감사드려요.

엄마, 항상 맛있는 음식을 만들어 주셔서 감사합니다.

엄마가 해 주신 된장찌게가 특히 맛있어요.

아빠는 저와 잘 놀아 주셔서 감사합니다.

몇일 전에 숙제 않 하고 게임만 해서 죄송해요.

다음부터는 숙제 먼저 하고 게임은 조금만 할게요.

–미나 올림

1 미나의 편지글에서 틀린 말을 찾아 적고 바르게 고쳐 보세요.

맛잇는 ➡ 맛있는

➡

➡

➡

2 편지를 쓰다가 맞춤법이 헷갈리면 어떻게 할지 고르세요. (　　)

① 사전을 찾아본다.

② 자기 생각대로 쓴다.

③ 헷갈리는 말은 쓰지 않는다.

④ 다른 사람에게 물어볼 필요는 없다.

⑤ 일단 쓰고 편지 받은 사람에게 물어 본다.

3 알고 싶은 내용에 따라 찾을 수 있는 사전도 다양해요. 어떤 사전을 찾으면 좋을지 줄로 이으세요.

'되로 주고 말로 받는다'의 뜻과 쓰임을 알고 싶다.　　•　　•　백과사전

'되'와 '말'의 낱말 뜻을 알고 싶다.　　•　　•　국어사전

'되'와 '말'을 사진이나 그림으로 찾아보고 싶다.　　•　　•　속담 사전

국어사전을 활용해요

❖ **국어사전에 관한 글을 잘 읽고 물음에 답하세요.** 문제·1~3 정답과 도움글·120~121쪽

　국어사전은 낱말의 뜻을 설명한 책이다. 낱말의 뜻, 발음, 문법, 띄어쓰기 등을 확인할 수 있다. 예전에는 종이 사전을 주로 사용했지만, 지금은 전자사전이나 인터넷 사전을 많이 사용한다.

　글을 읽다가 모르는 낱말이 나오면 글의 흐름으로 낱말의 의미를 먼저 짐작해 본다. 그래도 이해가 안 되면 국어사전에서 뜻을 찾아 확인한다. 국어사전에서 낱말을 찾으려면 낱말이 사전에 실린 순서를 알아야 한다. 낱말은 첫 번째 글자의 첫 자음자, 모음자, 받침의 차례대로 실려 있다.

　우리말에는 형태가 바뀌지 않는 낱말과 형태가 바뀌는 낱말이 있다. 형태가 바뀌는 낱말을 국어사전에서 찾으려면 낱말에서 형태가 바뀌지 않는 부분에 '-다'를 붙여 기본형을 만들어 찾는다.

1 다음 낱말을 보고 형태가 바뀌는 낱말에는 ○를, 형태가 바뀌지 않는 낱말에는 △를 그리세요.

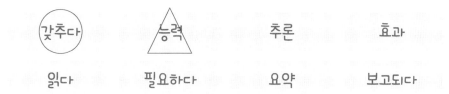

2 다음 낱말에서 형태가 바뀌지 않는 부분에 □ 표시를 하세요.

3 종이 사전은 낱말이 실린 순서를 알아야 찾을 수 있어요. 다음 낱말들을 사전에 실리는 순서대로 1, 2, 3을 쓰세요.

읽기 능력을 키워요

❖ **다음 글을 잘 읽고 물음에 답하세요.** 문제·어휘/이해/응용 정답과 도움글·120~121쪽

가

글을 잘 읽으려면 '글자 읽기나 요약, 추론' 등의 '읽기 기능', '어휘력', '읽기 흥미나 **동기**' 등이 필요하다. 글 읽는 능력이 발달하려면 읽기에 필요한 이러한 요소를 잘 갖추어야 한다.

나

읽기 요소 중 어휘력 발달에 관한 연구들에서는 학년이 올라감에 따라 ㉠어휘력이 높은 학생과 ㉡어휘력이 낮은 학생 간의 어휘력 **격차**가 점점 더 커짐이 보고되었다. 여기서 어휘력 격차는 읽기의 양과 관련된다. 즉, 어휘력이 높으면 이를 바탕으로 더 많이 읽게 되고, 많이 읽을수록 어휘를 습득할 기회가 많아지며, 이것이 다시 어휘력을 높인다는 것이다. 반대로 어휘력이 부족하면 읽는 양도 적어지고 어휘 습득 기회도 줄어 어휘력이 상대적으로 부족하게 된다. 나중에는 이렇게 벌어진 읽기 능력 격차를 극복하는 데 많은 노력이 필요하게 된다.

다

1 매튜 효과 미국의 사회학자 로버트 머튼이 그의 책에서 처음 말한 용어이다. 성경 《마태복음》에 나오는

이렇게 읽기 요소를 잘 갖춘 독자는 점점 더 잘 읽게 되어 그렇지 않은 독자와의 차이가 갈수록 커지는데, 이를 매튜 효과[1]로 설명하기도 한다. 매튜 효과란, 사회적 명성이나 물질적 자산이 많을수록 점점 더 큰 명성과 부를 가지게 되고, 그 결과 그렇지

말을 인용해서 이렇게 이름 붙여졌다. '매튜' 는 '마태'의 영어식 표 기이다.

않은 사람과의 차이가 점점 커지는 현상을 일컫는다. 이는 주로 사회학에서 사용되었으나 읽기에도 적용된다.

라

그러나 글 읽는 능력을 매튜 효과로만 설명하기에는 문제가 있다. 우선 읽기와 관련된 요소들에서 매튜 효과가 항상 나타나는 것은 아니다. 인지나 정서 발달은 개인마다 다르며 한 개인 안에서도 그 속도가 시기마다 다르기 때문이다. 예컨대 읽기 흥미나 동기의 경우 어릴 때는 상승 곡선을 그리며 발달하다가 어느 시기부터 떨어지기도 한다. 또한 읽기 요소들은 상호 간에 영향을 미쳐 매튜 효과와 다른 결과를 낳기도 한다. 가령 읽기 기능이 부족한 독자라 하더라도 읽기 흥미나 동기가 높은 경우 이것이 읽기 기능 발달을 견인할 수 있다.

마

그런데도 읽기를 매튜 효과로 설명하는 연구는 단순히 지능 차이에 따라 글 읽는 능력이 달라진다고 보던 관점에서 벗어나, 읽기 요소들이 글을 잘 읽도록 하는 중요한 동력임을 인식하게 하는 계기가 되었다.

1 어휘에 맞는 뜻을 찾아 줄로 이으세요.

요약 •　　　• 사람들의 좋은 평가가 세상에 널리 알려
　　　　　　　 지는 것

추론 •　　　• 원하는 방향으로 끌어당김

명성 •　　　• 어떤 일을 이치에 따라 미루어 생각하여
　　　　　　　 옳고 그름을 따져 말함

견인 •　　　• 말이나 글의 요점을 잡아서 간추림

2 '동기'는 여러 가지 뜻으로 사용돼요. 앞의 글에 쓰인 '동기'와 같은 뜻으로 쓰인 것을 찾아 ○ 표 하세요.

겨울 시기	형제와 자매, 남매를 통틀어 이르는 말	같은 시기, 또는 같은 기간	어떤 일이나 행동을 일으키게 하는 계기

3 '격차'의 쓰임이 바르지 <u>않은</u> 것을 고르세요. (　　　)

① 빈부 **격차**가 점점 커지고 있다.

② 1등과 2등의 **격차**가 점점 좁혀지고 있다.

③ 이 병은 전염성이 강해 환자의 **격차**가 필요하다.

④ 생활 수준의 **격차**를 해소하기 위해 노력하고 있다.

⑤ 통신과 정보 수단의 발달은 지역 간의 **격차**를 줄였다.

1 앞의 글을 읽고 보기 의 □□□에 공통으로 들어갈 말을 쓰세요.

> 보기 학년이 올라감에 따라   이 높은 학생들과
>
> 이 낮은 학생들 간에 격차가 점점 더 커진다고 보고되었다. 글을 많이 읽을
>
> 수록   이 높아진다.

2 매튜 효과에 대한 설명으로 맞지 <u>않는</u> 것을 고르세요. (   )

① 사회적 명성이 높을수록 명성을 더 높이기 쉽다.
② 사회적 명성과 물질적 자산은 서로 상관이 없다.
③ 부자는 더 부유해지고 가난한 사람은 더 가난해진다.
④ 물질적 자산이 많은 사람이 더 많이 가지게 된다.
⑤ 시간이 지날수록 부자와 가난한 사람의 차가 점점 커진다.

3 앞 글의 내용과 일치하지 <u>않는</u> 것을 고르세요. (   )

① 읽기 요소에는 읽기 기능, 어휘력, 흥미나 동기 등이 포함된다.
② 읽기와 관련된 요소들에서 매튜 효과가 항상 나타난다.
③ 매튜 효과는 주로 사회학에서 사용되는 개념이었다.
④ 읽기 기능이 부족해도 동기나 흥미에 의해 읽기 능력이 올라갈 수 있다.
⑤ 읽기 연구에서 매튜 효과는 읽기 요소의 중요성을 인식하게 했다.

1 어휘력 발달에서 나타나는 매튜 효과 도표를 보고 **나** 문단의 ㉠어휘력이 높은 학생 과 ㉡어휘력이 낮은 학생에 대해 잘 이해한 것을 고르세요. (　　　)

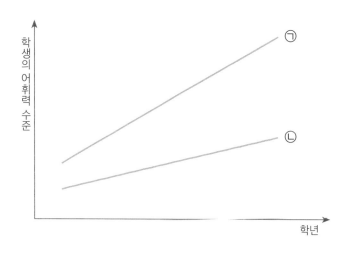

① ㉠은 ㉡에 비해 읽기 양이 적지만 어휘력은 더 큰 폭으로 높아진다.

② ㉡은 학년이 올라갈수록 ㉠과의 어휘력 격차를 줄일 가능성이 커진다.

③ ㉡은 학년이 올라가면 ㉠에 비해 적은 노력으로도 어휘력이 높아진다.

④ ㉠과 ㉡의 어휘력 격차가 점점 커지는 것은 지능 차이 때문이다.

⑤ ㉠과 ㉡의 어휘력 격차가 커지는 것은 읽기 양의 차가 커지기 때문이다.

2 글을 읽는 능력을 매튜 효과로만 설명할 수 없는 부분도 있다고 할 때, **보기**의 내용을 적절히 뒷받침할 수 있는 설명을 고르세요. (   )

> **보기** 인간의 사고는 자연적으로 발달하기보다는 공동체 안에서 다른 사람과 언어로 대화하며, 읽고, 쓰는 등의 작용에 의해 발달한다. 따라서 높은 수준의 사고에 속하는 '읽기'도 다른 사람과 서로 작용함으로써 점점 발달한다.

① 읽기 발달의 속도는 한 개인 안에서도 시기마다 다르다.
② 읽기 발달은 읽기 속도나 취향 등 개인차에 따라 각기 다르다.
③ 읽기 흥미나 동기 등은 타고난 개인적 성향으로, 변하지 않는다.
④ 읽기 발달은 읽기 경험을 공유하는 사회적 환경에 따라 달라질 수 있다.
⑤ 충분한 시간과 몰입 장소가 주어지면 혼자서도 읽기를 잘할 수 있다.

1단계

그림과
함께
읽기

배경 지식이 필요해요

❖ 친구들이 책을 읽고 나누는 이야기를 보고 물음에 답하세요. 문제·1~3 정답과 도움글·122~123쪽

시뻘겋게 달아오른
아궁이 군불에
설설 끓는 아랫목이
마냥 그리운 계절.

따뜻하고 아련한
추억 속으로
여행을 떠난다.

외할머니댁에서
아궁이에 구운 군고구마를
따뜻한 아랫목에서
먹었던 기억이 나.

얼마 전에 방송에서
아궁이에 대해
말해 주는 걸 봤는데,
재미있었어.

난 아궁이를
한 번도 본 적 없어.

가영

나은

다인

1 앞의 그림을 보고, 책의 내용을 이해하기 어려울 것 같은 친구는 누구인지 이름을 쓰세요.

2 다음 글의 내용을 바탕으로, 위에서 답한 친구가 책의 내용을 이해하기 어려울 것이라고 생각한 이유를 적어 보세요.

> 배경지식이란, 내가 이미 알고 있는 경험이나 지식을 말합니다. 내가 직접 겪은 경험은 물론, 책이나 방송 등을 접하며 내가 직접 겪지 않은 것까지도 배경지식으로 쌓을 수 있습니다.

3 배경지식을 쌓으려면 어떤 방법이 가장 좋을지 아래 친구들의 의견 중에서 고르고 그 이유를 적어 보세요.

가영
직접 경험하는 게 제일 좋아.

나은
다양한 독서가 도움 되겠지?

다인
나이가 들면 저절로 아는 게 많아져.

문단 짜임을 이해해요

❖ **문단 짜임에 관한 글을 잘 읽고 물음에 답하세요.** 문제·1~2 정답과 도움글·123쪽

　글을 읽고 내용을 잘 이해하려면 문단의 짜임을 알아야 한다. 여러 개의 문장이 모여 하나의 생각을 나타내는 것을 '문단'이라고 한다. 한 문단에는 문단 내용을 대표하는 '중심 문장'과, 중심 문장을 자세히 설명해 주는 여러 '뒷받침 문장'이 있다. 문단이 바뀌면 줄을 바꾸고 한 칸을 들여 쓴다.

　문단에서 기둥 같은 역할을 하는 것이 중심 문장이다. 가지나 잎이 기둥에 붙어서 나무를 이루는 것처럼, 뒷받침 문장들은 문단에서 덧붙여 설명하거나 예를 드는 방법들로 중심 문장을 도와준다.

　예를 들어 "동물들은 보호색으로 자기 몸을 지킨다."는 문장은 중심 문장이다. 이에 대한 예로 개구리, 카멜레온, 나방 등을 나열하면 그것은 뒷받침 문장이다. 중심 문장은 앞에 올 수도 있고 뒤에 나올 수도 있다.

1 앞 글의 내용과 일치하는 것에는 ○ 표, 아닌 것에는 × 표 하세요.

여러 개의 문장이 모여 하나의 생각을 나타내는 것을 문단이라고 합니다.

한 문단에는 여러 개의 중심 문장이 있습니다.

뒷받침 문장은 문단에서 기둥 같은 역할을 합니다.

2 다음 문단을 읽고, 중심 문장을 찾아 밑줄을 그으세요.

(1) 시장에는 다양한 물건을 파는 가게들이 있다. 먼저 옷 가게가 있다. 시장에서 파는 옷은 값이 싸고 편하다. 고기를 파는 정육점도 있다. 채소 가게도 있다. 채소 가게에서는 배추, 파, 마늘, 양파 등을 판다.

(2) 민화의 쓰임새는 여러 가지다. 혼례식이나 잔치를 치를 때 병풍에 민화를 그려 장식용으로 썼다. 대문이나 벽에 민화를 부적처럼 걸어 두기도 했다. 소망을 빌거나 누군가를 축하할 때도 민화를 선물했다.

(3) 우리 조상은 여러 가지 한과를 만들어 먹었다. 약과는 밀가루를 물과 기름 따위로 반죽해 기름에 지진 과자다. 강정은 찹쌀가루를 반죽해 기름에 튀긴 뒤에 고물을 묻힌 과자다. 엿은 곡식이나 고구마 녹말에 엿기름을 넣어 달게 졸인 과자다.

(4) 요즘 일회용품 사용이 늘고 있다. 시장에 갈 때 장바구니를 들고 가면 비닐봉지를 줄일 수 있다. 일회용 컵이나 일회용 나무젓가락 사용도 줄여야 한다. 일회용품을 덜 써서 깨끗한 지구를 만들어야 한다.

능숙한 독자의 능력과 태도를 익혀요

❖ **다음 글을 잘 읽고 물음에 답하세요.** 문제·어휘/이해/응용 정답과 도움글 •123~124쪽

가

글을 잘 읽는 **독자**를 **능숙한 독자**라고 할 때, 능숙한 독자는 어떤 능력과 태도를 지니고 있을까?

나

능숙한 독자는 글의 의미를 이해하고 재구성하기 위해 배경지식을 효과적으로 활용하는 능력을 지닌다. 배경지식은 독자의 기억 속에 존재하는 구조화된 경험과 지식을 모두 말한다. 능숙한 독자는 읽을 글과 관련한 배경지식을 떠올리고 이를 이용해 글의 내용을 정확히 이해한다. 그런데 능숙한 독자라도 배경지식이 부족해 내용이 잘 이해되지 않는 부분을 만날 수 있다. 이 경우 능숙한 독자는 글 읽기를 중단하지 않고 글의 앞뒤 맥락[1]을 고려해 글의 의미를 구성한다. 그리고 필요하면 참고 자료를 찾아 관련 부분에 대한 이해를 넓힌다.

1 맥락 사물이 서로 이어진 관계나 연관성.

다

2 역량 어떤 일을 해 낼 수 있는 힘.

능숙한 독자는 독서를 준비할 때 읽을 글의 특성을 분석하고 자신의 독서 역량[2]을 점검하는 태도를 지닌다. 그리고 독서 목적 달성에 필요한 독서 전략을 세운다. 그런데 막상 독서를 하다 보면 글의 특성이 예상과 다를 수 있고, 독서 환경이 변할 수도 있다. 능숙한 독자는 달라진 독서 상황을 파악해 그에 알맞은

새로운 독서 전략을 적용하고 독서 행위를 조절한다. 그리고 독서 후에는 자신이 독서의 목적과 글의 특성에 맞게 글을 읽었는지 다시 생각하고 평가한다.

라

3 **교리** 원리나 이치.

우리 선조들은 경서를 많이 읽었다. 경서란, 훌륭한 성현들의 유교 사상과 교리[3]를 써 놓은 책이다. 경서는 글을 쓴 사람이 전달하려는 내용을 압축해 놓았기 때문에 그 속에 담긴 의미를 쉽게 파악하기 어렵다. 선조들은 경서를 읽을 때 글의 내용에 익숙해지도록 반복해 읽었다. 어려운 내용을 이해하기 위해 반복적으로 읽는 것도 독서 전략의 한 방법이다. 반복적으로 읽으면서 내용에 대한 이해가 깊어지면 그에 맞는 새로운 독서 방법을 적용하고, 배경지식을 적극적으로 활용하는 등의 새로운 전략을 적절히 사용했다. 또한 글쓴이가 전하고자 하는 바른 자세나 태도를 삶에 적용하려고 했다.

마

능숙한 독자는 글 한 편을 완전하게 이해하는 데 그치지 않고 지속적인 독서 활동을 지향한다. 꾸준히 자신의 독서 이력을 점검하고, 앞으로 읽을 독서 목록을 정리하며 스스로 나서서 균형 있는 독서를 생활화한다. 그리고 독서 경험으로 얻은 지식과 지혜를 자신과 사회 문제를 해결하는 데 적극적으로 활용한다.

1 독자에 대해 풀이한 다음 글을 읽고 □에 적절한 말을 쓰세요.

'독자'를 한자어로 '讀者(독자)'라고 씁니다. '讀'은 '읽을 독'으로 '독서'나 '독해'에도 같은 한자를 씁니다. '者'는 사람을 가리키는 말입니다. 그래서 독자는 글을   사람을 말합니다.

2 '능숙하다'가 어색하게 쓰인 문장을 고르세요. (   )

① 그는 일을 능숙하게 처리했다.
② 그 신입 사원은 아직 회사 일에 능숙하다.
③ 그는 아무리 복잡한 기계도 능숙하게 다룬다.
④ 젊은 남자는 제법 능숙한 솜씨로 아이를 달랬다.
⑤ 그는 영어가 능숙해서 외국인과 영어로 대화한다.

3 어휘에 맞는 뜻을 찾아 줄로 이으세요.

맥락 •

압축 •

경지 •

섭리 •

• 문장 따위를 줄여 짧게 함.
예 그는 오늘 발표할 내용을 서너 가지로 ○○했다.

• 몸이나 마음, 기술 따위가 어떤 단계에 도달해 있는 상태.
예 그의 음악은 이미 예술적인 ○○에 이르렀다.

• 자연계를 지배하고 있는 원리와 법칙.
예 계절의 바뀜을 보며 자연의 ○○를 느낀다.

• 사물 따위가 서로 이어져 있는 관계나 연관.
예 그는 ○○도 통하지 않는 말을 주절주절 지껄였다.

1 배경지식에 대한 설명으로 맞지 <u>않은</u> 것을 고르세요. (　　)

① 내가 원래부터 알고 있었던 경험이나 지식을 말한다.

② 내가 직접 겪은 경험으로 얻을 수 있다.

③ 내가 직접 겪지 않아도 책을 통해 얻을 수 있다.

④ 배경지식이 있으면 글을 이해하기 더 쉽다.

⑤ 같은 학년 학생들의 배경지식은 모두 같다.

2 경서의 의미를 쉽게 파악하기 어려운 까닭은 무엇인지 □에 적절한 말을 쓰세요.

글을 쓴 사람이 전달하려는 내용을 　　　　　해 놓았기 때문이다.

3 선조들이 경서를 읽는 데 사용한 독서 전략이 <u>아닌</u> 것을 고르세요. (　　)

① 의미가 이해될 때까지 반복적으로 읽는다.

② 의미가 이해되면 그에 알맞은 새로운 독서 전략을 적용한다.

③ 배경지식을 적극적으로 활용해 읽는다.

④ 책에서 말하고자 하는 내용을 삶에 적용한다.

⑤ 의미가 잘 이해되지 않으면 다른 책을 읽는다.

1 다음 친구들의 대화에서 앞 글에 나온 <u>능숙한 독자</u>와 거리가 <u>먼</u> 사람을 고르세요.

(   )

① 가은 : 읽을 글의 특성을 파악해서 내 수준에 적절한지 살펴보고 나의 독서 능력을 점검했어.

② 나리 : 글을 읽는 도중에 내가 알고 있는 배경지식을 활용해서 글의 내용을 정확히 이해하며 읽었어.

③ 다솜 : 제목만 봤을 때는 쉽게 읽을 수 있을 것 같아서 빨리 읽으려고 했는데, 생각보다 어려운 글이라서 좀 더 천천히 꼼꼼히 읽는 방향으로 독서 전략을 수정했어.

④ 라희 : 글을 읽는 도중에 글의 내용이 이해되지 않았는데 글의 앞뒤 맥락을 고려하는 것보다는 관련 자료를 찾는 게 중요할 것 같아서 일단 글 읽기를 중단했어.

⑤ 마음 : 글 읽기를 마친 후에 독서 목적과 글의 특성에 맞는 독서를 했는지 평가하고 독후감을 썼어.

2 능숙한 독자가 되기 위한 실천으로 적절하지 <u>않은</u> 것을 고르세요. (　　)

① 내가 그동안 읽었던 책들이 어떤 분야였는지 점검한다.

② 평소 안 읽었던 분야 책들도 읽으며 균형 있는 독서 습관을 만들려고 한다.

③ 지속적인 독서를 생활화하는 방안을 모색한다.

④ 다른 사람이 읽은 책 목록을 구해서 그대로 읽는다.

⑤ 독서를 통해 얻은 지식과 지혜를 문제 해결에 적극 활용한다.

샤힌

1

1단계 그림과 함께 읽기   기호를 해석해요

2단계 초등 교과서 읽기   지도를 읽어요
사회 4-1 〈지도로 본 우리 지역〉

3단계 수능형 지문 읽기   여러 표지판을 읽어요
2021년 6월, 고1 학력 평가 〈도로 표지판 읽기〉

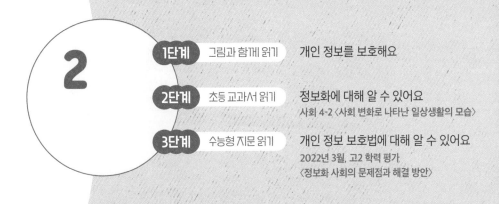

2

1단계 그림과 함께 읽기   개인 정보를 보호해요

2단계 초등 교과서 읽기   정보화에 대해 알 수 있어요
사회 4-2 〈사회 변화로 나타난 일상생활의 모습〉

3단계 수능형 지문 읽기   개인 정보 보호법에 대해 알 수 있어요
2022년 3월, 고2 학력 평가
〈정보화 사회의 문제점과 해결 방안〉

3

1단계 그림과 함께 읽기   옛사람들의 생활을 알 수 있어요

2단계 초등 교과서 읽기   우리의 세시 풍속을 알 수 있어요
사회 3-2 〈옛날과 오늘날의 세시 풍속〉

3단계 수능형 지문 읽기   전통 부채의 가치를 알 수 있어요
2021년 6월, 고2 학력 평가 〈부채의 역사〉

기호를 해석해요

❖ 우람이가 친구 혜영이에게 암호로 된 쪽지를 받았어요. 무슨 내용인지 짐작해 보면서
다음 물음에 답하세요. (문제・1~2) (정답과 도움글・125쪽)

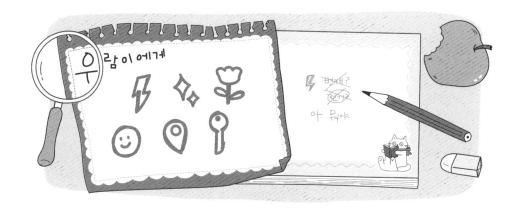

1 다음 해독 기호를 보고 우람이가 받은 쪽지 내용을 풀어 써 보세요.

2 우람이는 혜영이의 쪽지에 답장을 쓰기로 했어요. "좋아! 그리고 모레 운동장에서 같이 축구하자."라는 문장을 암호로 적어 보세요.

지도를 읽어요

❖ 지도에 나타난 표시에 관한 다음 글을 읽고 물음에 답하세요. 문제·1~2 정답과 도움글·125쪽

모르는 곳을 찾아가기 위해서는 지도를 보면 된다. 지도에 나타난 정보를 이해하려면 지도에 나오는 표시가 어떤 뜻인지 알아야 한다.

지도에는 방향을 나타내는 방위표가 그려져 있다. 방위표를 보면 동, 서, 남, 북 방향을 알 수 있다. 지도에 동서남북이 적혀 있지 않아도 방위표 모양만 봐도 방향을 알 수 있다. 지도에 방위표가 없다면 지도 오른쪽이 동쪽, 왼쪽이 서쪽, 아래쪽이 남쪽, 위쪽이 북쪽이라고 약속한다.

또 지도에는 장소를 나타내는 표시를 간단하게 약속된 기호로 표시한다. 지도의 범례를 보면 기호가 무엇을 나타내는지 나와 있다. 이 범례를 활용하면 지도에서 나타내는 정보를 쉽고 정확하게 알 수 있다.

▬▬▬▬	고속 국도	☼	등대	♠	교회
+++++++	철도	∴	명승 고적	卍	절
⊓⊔⊓⊔	성	♨	온천	⌂	소방서
++++++++++	제방	✚	병원	✉	우체국
╨╨╨	논	⊠	철도역	▲	산
○○○○	과수원	⌂	체육관	⋈	다리
₩₩₩	밭	▶	학교	◎	공장

1 지도에 방위표가 아래와 같이 그려져 있어요. 동서남북 방향을 적어 보세요.

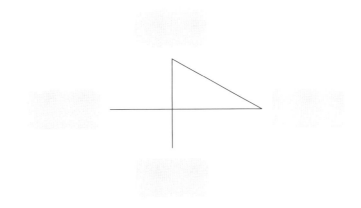

2 다음 글은 오늘 영수가 해야 할 일이에요. 영수가 가야 할 곳을 지도에 △, ○, □로 표시하세요.

- 학교에 가서 공부를 열심히 한다. (△)

- 수업이 끝난 다음에 외국에 사는 이모에게 편지를 부치려고 한다. (○)

- 병원에 입원해 계신 할머니의 병문안을 간다. (□)

여러 표지판을 읽어요

❖ **다음 글을 잘 읽고 물음에 답하세요.** 문제·어휘/이해/응용 정답과 도움글 •125~126쪽

가

자동차를 타고 도로를 달리다 보면 다양한 도로 표지판을 볼 수 있다. 도로 표지판에는 도로 종류, 속도 제한, 주의 사항 등을 알려 주는 다양한 정보가 담겨 있다. 대표적인 도로 표지판 세 개의 모양과 번호의 의미에 대해 살펴보자.

나

첫 번째 표지판은 고속 도로 표지판이다. 고속 도로란, 주요 도시와 **거점** 지역을 빠르게 통행할 수 있게 만든 자동차 전용 도로이다. 고속 도로 표지판은 전체적으로 방패 모양과 비슷하게 생겼다. 가운데 적힌 번호에는 고속 도로에 대한 정보가 담겨 있다. 우선 홀수는 고속 도로가 남북으로 연결되어 있음을, 짝수는 동서로 연결되어 있음을 의미한다. 남북으로 연결된 고속 도로는 국토를 기준으로 왼쪽에서 오른쪽으로 갈수록, 동서로 연결된 고속 도로는 아래쪽에서 위쪽으로 갈수록 큰 번호가 부여된다. 171번인 오산·화성 고속 도로와 15번인 서해안 고속 도로는 모두 홀수이기 때문에 남북으로 연결되어 있고, 번호가 더 큰 서울 오

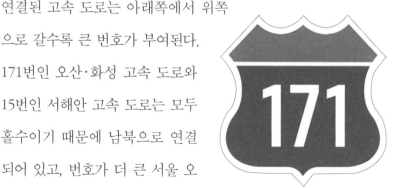

산·화성 고속 도로가 서해안 고속 도로보다 더 오른쪽에 있음을 알 수 있다.

다 두 번째 표지판은 타원 모양으로 일반 국도를 가리킨다. 일반 국도란, 전국의 주요 도시와 공항, 관광지 등을 연결하는 도로이다. 번호는 고속 도로와 마찬가지로 홀수는 남북으로 연결된 도로를, 짝수는 동서로 연결된 도로를 의미한다. 일반 국도 중 한 자리 번호가 적힌 경우는 두 자리 이상의 번호가 부여된 일반 국도보다 중심적인 역할을 담당한다.

라 마지막으로 직사각형 모양 표지판은 지방도를 가리킨다. 지방도는 도내의 시·군청 소재지들을 연결하고 있는 도로로, 앞의 두 도로와 달리 도지사가 직접 관리한다. 지방도의 번호 중 백의 자리와 천의 자리 숫자는 각 도의 고유 번호를 나타낸다. 아래 그림처럼 백의 자리가 3인 경우는 경기도를 의미한다. 참고로 4××는 강원도, 5××는 충청남도, 8××는 전라남도, 10××는 경상남도를 의미하며, 뒷자리의 ××는 앞서 언급한 도로들처럼 홀수는 남북 방향을, 짝수는 동서 방향을 의미한다.

1 아주 빠르다는 뜻의 '고속'은 한자로 '高速'이에요. 글과 그림이 맞는 설명에 줄로 잇고 □에 적절한 단어를 쓰세요.

(高速鐵道)
시속 약 200km 이상으로 기차가 다니는 시설

(高速道路)
차의 빠른 통행을 위하여 만든 길

2 '거점'이 바르게 쓰이지 <u>않은</u> 문장을 고르세요. (　　)

① 이 지역은 중요한 교통의 **거점**이 되고 있다.

② 그들은 한 가지 사물을 서로 다른 **거점**에서 바라보았다.

③ 만주, 연해주 등지를 **거점**으로 삼아 독립운동을 전개했다.

④ 그들의 목표는 적의 주요 **거점**을 파괴하는 것이다.

⑤ 우리 대학에 국내 첫 해양 로봇 연구 **거점** 센터가 들어선다.

3 밑줄 친 말과 바꾸어 쓸 수 있는 낱말에 ○ 표 하세요.

(1) 아래쪽에서 위쪽으로 갈수록 큰 번호가 <u>부여된다</u>.

(주어진다 / 선택된다)

(2) 앞서 <u>언급한</u> 도로들처럼 홀수는 남북 방향을, 짝수는 동서 방향을 의미한다.

(나온 / 말한)

1 앞 글의 내용을 읽고 다음 문장의 □에 적절한 말을 쓰세요.

이 글은 자동차로 도로를 가다 보면 볼 수 있는 다양한 도로 □□

에 대해 쓴 글이다.

2 앞 글의 내용을 바탕으로 설명에 맞는 것끼리 줄로 이으세요.

주요 도시와 공항, 관광지를 연결하는
도로에서 볼 수 있다. •

고속 도로에서 볼 수 있다. •

숫자에 어느 지역인지 표시되어 있다. •

도지사가 직접 관리하는 도로이다. •

방패 모양과 비슷하게 생겼다. •

한 자리 숫자이면 더 중심적 도로이다. •

1 앞 글의 내용을 바탕으로 다음 표지판을 바르게 설명한 것을 고르세요. (　　)

① 고속 도로 표지판이다.

② 남북 방향을 의미한다.

③ 도지사가 관리하는 도로이다.

④ 전라남도에 있는 도로이다.

⑤ 전국의 주요 도시와 관광지를 연결하는 도로이다.

2 보기 는 앞의 글을 읽은 학생의 반응이에요. 이 내용에 대한 설명으로 가장 적절한 것을 고르세요. (　　)

보기

얼마 전 부모님과 여행을 갔을 때 도로에서 번호가 적힌 방패 모양, 타원 모양, 직사각형 모양 표지판들을 보았다. 이 글을 미리 읽었으면 더 주의 깊게 보았을 텐데 아쉽다. 삼각형과 육각형 모양의 표지판도 본 것 같은데, 그것들은 어떤 의미가 있는지 인터넷으로 검색해 봐야겠다.

① 얼마 전 여행 갔을 때 이미 표지판의 의미를 알고 있었다.

② 얼마 전 부모님과 여행 가기 전에 이 글을 미리 읽고 갔다.

③ 삼각형과 육각형 모양의 표지판은 길에서 찾아보기 어렵다

④ 삼각형과 육각형 모양 표지판 뜻을 알 방법이 없다.

⑤ 이제 방패 모양, 타원 모양, 직사각형 모양 표지판의 의미를 잘 알게 되었다.

1단계

그림과
함께
읽기

개인 정보를 보호해요

읽고
공부한 날

/

❖ 개인 정보 보호에 대해 나누는 대화를 잘 보고 물음에 답하세요. 문제•1 정답과 도움글•127쪽

개인 정보를 보호하는 방법

- 비밀번호는 주기적으로 바꾸기

- 개인 정보를 알려 줄 때 부모님 허락받기

- 개인 정보는 친구에게도 알려 주지 않기

- 공용 컴퓨터를 사용한 후 로그아웃하기

- 출처가 명확하지 않은 자료는 내려받지 않기

1 아래 친구들의 말을 잘 읽고, 개인 정보가 새어 나갈 위험성이 있는 친구는 열린 자물쇠에, 개인 정보를 안전하게 관리하는 친구는 잠긴 자물쇠에 연결하세요.

가영

요즘 모르는 번호로 문자가 오곤 해.
모르는 번호로 온 문자는
눌러 보지 않고 있어.

나은

비밀번호를 자주 바꾸면 헷갈려.
난 모든 사이트 비밀번호가
다 똑같고 안 바꾸니까
하나만 기억하면 돼.

다인

내 생년월일이랑 전화번호만 적으면
게임 아이템을 준대.
바로 적어서 아이템을 받았어.
완전 이득.

라온

친한 친구가 내 정보로
사이트에 가입하겠다고 해서
알려 줬어.
친한 친구이니까 괜찮아.

2단계

초등
교과서
읽기

정보화에 대해 알 수 있어요

❖ **정보화에 대한 아래 글을 읽고 물음에 답하세요.** 문제·1~4 정답과 도움글·128쪽

　정보화란, 정보와 지식이 중요한 자원이 되어 사회가 발전해 나가는 데 중심 역할을 담당하는 현상을 말한다. 휴대 전화나 인터넷 등을 이용하여 사람들은 다양한 정보와 지식을 편리한 방법으로 쉽고 빠르게 얻는다. 정보화 사회가 되면서 우리 생활은 더욱 편리해졌다. 하지만 정보화 때문에 여러 가지 문제가 발생하고, 개인 정보 유출로 어려움을 겪는 사람이 생겨나기도 한다. 어떤 문제가 있는지 잘 알아보고 해결하여 더 나은 정보화 사회가 되도록 노력해야 한다.

1 앞 글의 내용에 맞게 다음 문장의 □에 적절한 말을 쓰세요.

정보화란 와 이 중요한 자원이 되어 사회가 발전해 나가는 데 중심 역할을 담당하는 현상을 말한다.

2 사람들이 정보를 얻기 위해 주로 무엇을 이용하는지 앞 글에서 찾아 쓰세요.

3 다음 낱말과 반대 뜻을 가진 말을 앞의 글에서 찾아 쓰세요.

유입 : 문화, 지식 따위가 들어옴 ↔

불편 : 어떤 것을 사용하는 것이 거북함 ↔

4 정보화로 좋아지는 점은 무엇인지 알맞은 내용을 찾아 모두 V 표 하세요.

다양한 정보를 쉽게 얻는다. ○	필요한 지식을 빠르게 얻는다. ○	개인 정보를 쉽게 얻는다. ○

개인 정보 보호법에 대해 알 수 있어요

❖ 다음 글을 잘 읽고 물음에 답하세요. 문제·어휘/이해/응용 정답과 도움글·128~129쪽

가

정보 통신 기술의 발달로 개인 정보가 데이터베이스화되면서 개인 정보 유출로 인한 피해가 증가하고 있다. 이에 따라 최근 개인 정보를 보호해야 한다는 사회 인식이 커지고 있다. 개인은 자신에 관한 정보가 언제, 누구에게, 어느 범위까지 알려지고 이용될 것인지를 스스로 결정할 수 있는 권리를 가지는데 이러한 권리를 '개인 정보 자기 결정권'이라고 한다.

나

개인 정보 자기 결정권은 개인 정보가 다른 사람에 의해 함부로 공개되지 않도록 보장받을 권리, 개인 정보에 대해 열람·삭제·정정 행위를 요구할 수 있는 권리 등을 포함한다. 우리나라는 헌법 제17조에 사생활의 비밀과 자유가 보장되어야 한다는 내용이 있다. 이 내용을 근거로 개인 정보 자기 결정권이 기본권 중 하나임을 인정하고 있다.

다

이러한 개인 정보 자기 결정권을 보호하기 위해 제정된 법률이 개인 정보 보호법이다. 개인 정보 보호법에서 규정하는 개인 정보는 살아 있는 개인에 관한 정보이다. 사망자에 관한 정보나 단체 혹은 법인에 관한 정보는 개인 정보에 포함되지 않는다.

또한 성명, 주민 등록 번호, 사진이나 동영상과 같이 개인을 알아볼 수 있는 정보여야 한다. 주어진 정보만으로 특정 개인을 알 수 없더라도 다른 정보와 쉽게 결합하여 알아볼 수 있다면 이 역시 법적 보호 대상으로서의 개인 정보에 포함된다.

라 개인 정보가 필요한 개인이나 단체는 개인 정보를 수집할 때 정보 주체의 동의를 구해야만 한다. 정보 주체의 동의를 구할 때 정보 수집·이용의 목적, 수집 항목, 보유 및 이용 기간 등을 미리 알려야 한다. 또한 동의를 거부할 권리가 있다는 사실과, 동의 거부에 따른 불이익이 있는 경우 그 불이익의 내용이 무엇인지 알려야 한다.

마 수집·이용하려는 개인 정보 중 고유 식별[1] 정보와 민감 정보는 별도로 동의받아야 한다. 고유 식별 정보는 여권 번호와 같이 개인을 고유하게 구별하기 위해 부여된 정보이며, 민감 정보는 건강 정보나 정치적 견해와 같이 주체의 사생활을 현저히[2] 침해할 우려가 있는 정보이다. 이때 정보 주체가 알아보기 쉽도록 수집하려는 고유 식별 정보와 민감 정보의 항목을 밑줄이나 큰 글씨로 강조해야 한다.

1 식별 분별하여 알아봄.

2 현저히 뚜렷이 드러날 정도로.

1 앞의 글에서 다음 설명에 맞는 말을 찾아 □에 적절한 말을 쓰세요.

여러 사람이 공유하여 사용할 목적으로 통합해 관리되는 데이터의 집합을

☐☐☐☐☐ 라고 합니다.

2 어휘에 맞는 뜻을 찾아 줄로 이으세요.

유출 •   • 양이나 수치가 늘어나거나 많아짐.

증가 •   • 책이나 문서 따위를 죽 훑어보거나 조사하면서 봄.

열람 •   • 내용이나 문구를 지우거나 없앰.

삭제 •   • 글자나 글 따위의 잘못을 고쳐서 바로잡음.

정정 •   • 중요한 내용이나 사물이 외부로 새어나감.

1 자신에 관한 정보가 언제, 누구에게, 어느 범위까지 알려지고 이용될 것인지 스스로
결정할 수 있는 권리를 무엇이라고 하는지 적어 보세요.

2 개인 정보 자기 결정권이 기본권 중 하나임을 인정하는 것은 무엇에 근거하는지 적
어 보세요.

3 개인 정보에 해당하지 <u>않는</u> 것에 모두 ∨표 하세요.

사망자의 이름 ○	개인의 주민 등록 번호 ○	얼굴을 알아볼 수 있는 사진 ○
법인에 관한 정보 ○	다른 정보와 결합했을 때 누구인지 알 수 있는 정보 ○	누구인지 알 수 있는 동영상 ○

1 앞 글의 내용을 읽고, (보기)의 ☐ 안에 들어갈 내용으로 가장 적절한 것을 고르세요. (   )

(보기) 헌법 제17조에서는 타인에 의해 자유를 제한받지 않을 권리를 보장하는데, 이러한 권리는 일반적으로 소극적 성격의 권리로 해석된다. 이는 적극적으로 타인에게 일정한 행위를 요구할 수 있는 권리로 보기는 어려워, 헌법 제17조만으로는 개인 정보 자기 결정권을 보장하는 근거가 불충분하다는 견해가 있다. 그것은 개인 정보 자기 결정권이 ☐☐☐☐☐☐ 하기 때문이다.

① 공익을 목적으로 타인의 개인 정보를 자유롭게 이용할 수 있는 권리에 해당

② 특정 대상에 대한 개인적 견해와 같은 사적인 정보를 보호받을 권리를 포함

③ 개인 정보가 정보 주체의 동의 없이 다른 사람에게 제공되도록 허용

④ 정보 주체의 이익보다 개인 정보의 활용으로 인한 사회적 이익을 우선 보장

⑤ 개인 정보에 대한 열람, 삭제, 정정 등을 적극적으로 요구할 수 있는 권리를 포함

2 개인 정보 보호법에서 규정하는 개인 정보 사례에 해당하지 <u>않는</u> 것을 고르세요.

( )

① 학교 홈페이지에 담임을 맡은 학급과 함께 게시된 담임 교사의 이름

② 국가에서 설립한 기관에서 직책을 맡은 사람의 휴대 전화 번호

③ 의사자의 추모 행사에서 추도사를 읽는 유족의 얼굴을 촬영한 동영상

④ 원격 수업에 참여한 학생들의 얼굴을 알아볼 수 있게 컴퓨터 화면으로 캡쳐한 이미지

⑤ 생전에 모은 재산 전액을 기증한 '이부자'를 기리기 위해 만들어진 '이부자 장학 재단'이라는 명칭

옛사람들의 생활을 알 수 있어요

❖ 조선 후기의 화가 단원 김홍도의 〈빨래터〉라는 작품을 보고 물음에 답하세요.

문제 • 1~2   정답과 도움글 • 130쪽

〈빨래터〉,《단원 풍속도첩》(김홍도) 중_국립중앙박물관 소장

1 앞의 그림에 나온 인물 모습을 묘사한 짧은 글이에요. 보기 의 낱말을 활용해 ☐ 안에 적절한 말을 쓰세요.

보기 　　딸다　　　　　　짜다　　　　　　빨다　　　　　　펴다

두 여인이 방망이를 두드리며 빨래를 ☐ 고 있어요. 다른 한 여인은 흐르는 물에 헹군 빨래를 ☐ 고 있지요. 왼쪽 바위 위의 여인은 머리를 ☐ 고 있고요. 바위 뒤의 남자는 얼굴을 가리려고 부채를 ☐ 고 있어요.

2 예전에 주로 사용하던 물건들과 지금 주로 사용하는 물건들이에요. 쓰임새가 같은 것끼리 줄로 잇고 　　　　에 이름을 써 보세요.

빨랫방망이　　　　　부채　　　　　　　　　　　　　　　　　　

·　　　　　　　　·　　　　　　　　·　　　　　　　　·

·　　　　　　　　·　　　　　　　　·　　　　　　　　·

　　　　　　　　　　　　　　　　　전기밥솥　　　　믹서기

우리의 세시 풍속을 알 수 있어요

❖ 세시 풍속에 관한 다음 글을 잘 읽고 물음에 답하세요. 문제・1~3 정답과 도움글・130쪽

　옛날부터 사람들은 설날, 정월 대보름, 한식, 단오, 추석 등 명절이나 일정한 시기에 특별한 행사를 했는데, 이를 '세시 풍속'이라고 한다. 설날이나 추석, 정월 대보름에는 집에서 특별한 음식을 먹었다.

　한식은 동지에서 105일째 되는 날이며 양력으로 4월 5일 무렵이다. 한 해 농사가 시작되는 시기인 한식이 되면, 농사가 잘되기를 빌며 조상의 산소를 찾아가 제사를 지내고 주변을 돌보았다. 한식에는 불을 사용하지 않고 찬 음식을 먹었다.

　단오는 음력 5월 5일로, 새로운 기운을 얻기 위해 그네뛰기와 씨름 등 다양한 놀이를 즐겼다. 사람들은 여름을 시원하게 지내라는 의미로 부채를 주고받거나 창포물에 머리를 감기도 했다.

1 앞의 글을 읽고 설날, 정월 대보름, 추석에 먹는 음식과 그 의미를 찾아 줄로 이으세요.

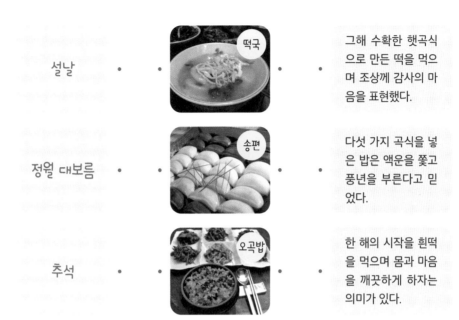

설날 •

정월 대보름 •

추석 •

그해 수확한 햇곡식으로 만든 떡을 먹으며 조상께 감사의 마음을 표현했다.

다섯 가지 곡식을 넣은 밥은 액운을 쫓고 풍년을 부른다고 믿었다.

한 해의 시작을 흰떡을 먹으며 몸과 마음을 깨끗하게 하자는 의미가 있다.

2 '한식'에는 찬 음식을 먹는다고 해요. '한식'의 한자를 찾아 ▨▨▨▨에 써 보세요.

寒　韓　恨　食　植　式
찰 한　한국 한　한 한　밥 식　심을 식　법 식

3 단오에 하는 일이 <u>아닌</u> 것을 고르세요. (　　)

① 씨름　② 제사　③ 그네뛰기　④ 부채 주고받기　⑤ 창포물에 머리 감기

전통 부채의 가치를 알 수 있어요

❖ 다음 글을 잘 읽고 물음에 답하세요. 문제·어휘/이해/응용 정답과 도움글·130~132쪽

가   선풍기나 에어컨이 없던 옛날에는 더위를 식히기 위해 부채를 주로 사용했다. 조상들의 여름 필수품이었던 우리나라 부채의 역사를 살펴보자. 가장 이른 시기의 부채 관련 유물은 창원 다호리 고분에서 발굴된 부채 자루 유물이다. 창원 다호리 고분은 삼한·가야·통일 신라의 유적과 유물이 동시에 확인된 유적지로, 기원전부터 부채를 사용했음을 알 수 있다. 고구려 고분 벽화의 그림에서도 깃털 부채가 사용되었음을 살필 수 있다.

나   깃털 부채 이후에는 가죽이나 비단으로 만든 부채가 사용되었다. 가죽 부채나 비단 부채는 고급이라서 대중화되기 어려웠지만, 종이 부채가 만들어지면서 대중화되기 시작했다. 우리나라의 닥나무 한지는 특히 내구성이 좋고 가벼워서 부채 만들기에 적합했다. 종이 부채가 발전하면서 고려 시대에는 이미 접는 부채가 발명되었다. 이는 중국보다도 훨씬 앞선 기술로, 당시 중국 사람들이 고려의 부채를 서로 얻고자 할 정도였다.

다   우리나라 부채는 크게 '둥글부채'와 '접부채'로 나뉜다. 둥글부채는 말 그대로 둥근 형태를 띠는데, 태극 모양을 넣은 태극선이

가장 많이 알려져 있다. 접부채는 접었다 폈다 할 수 있는 부채인데, '접어서 쥐고 다닌다.' 하여 '쥘부채'라고도 한다. 대껍질로 부챗살을 만들고 종이를 붙여 만든 합죽선이 가장 널리 알려져 있다.

라 우리 속담에 "단오 선물은 부채요, 동지 선물은 책력(달력)이라."는 말이 있다. 이 속담은 우리 조상들이 단오가 되면 친지와 웃어른께 부채를 두루 선물한 풍습에서 유래했다. 접부채는 부채 면에 시를 적거나 그림을 그려 넣기도 했고, 하고 싶은 말을 부채에 시로 적어 지인에게 주기도 했다. 양반 남자들은 옷을 모두 갖춰 입고 마지막에 부채를 챙겨야 비로소 외출 준비가 끝난 것으로 여겼다. 또한 우리나라 부채에는 예술미가 담겨 있다. 조선 시대 부채를 보면 옻칠을 하거나 자개를 붙여 화려하게 만든 부채도 있어서 그 자체로 하나의 공예 작품이었다. 추사 김정희의 글과 그림을 담은 부채도 있는데, 난초 그림과 글씨의 조화가 빼어나다. 이처럼 운치 있는 그림과 글을 담았기에 부채를 '가지고 다니는 미술관'이라 부르기도 한다.

마 이처럼 부채는 단순히 더위를 식히는 생활 도구일 뿐 아니라 소통의 창이었고, 자신을 우아하게 꾸미고 표현할 줄 아는 선조의 지혜였으며, 고도의 기술을 필요로 하는 예술품이었다.

1 다음 단어를 맞는 뜻끼리 줄로 이으세요.

내구성 •   • 수분을 막아 견디는 성질

내수성 •   • 불에 타지 않고 잘 견디는 성질

내화성 •   • 물질이 원래 상태에서 변질되거나 변형 됨 없이 오래 견디는 성질

2 부채의 이름에는 모양이나 쓰임이 나타나 있어요. 부채의 특징에 맞는 적절한 동사를 █████ 에 쓰세요.

둥근 부채   접부채   짚부채

둥글다

3 '두루'가 바르게 쓰이지 <u>않은</u> 문장을 고르세요. (   )

① 나라 안을 두루 돌아다녔다.

② 그는 고위 관직을 두루 거쳤다.

③ 이 칼은 여러 용도로 두루 쓰인다.

④ 그 아이는 자기가 좋아하는 음식만 두루 먹는다.

⑤ 그는 젊어서 세계 여러 곳을 두루 여행하며 많은 친구를 사귀었다.

1 "단오 선물은 부채요, 동지 선물은 책력(달력)이라."는 속담의 의미를 **보기**를 참조해서 □에 알맞은 말을 쓰세요. 동사는 문장에 맞게 모양을 바꾸어 쓰세요.

> **보기**　여름　　　겨울　　　시작하다　　　끝나다

(1) 단오에 부채를 선물한 이유는 　　　　　이 가까워지기 때문에 더위를 이기라는 의미이다.

(2) 동지에 책력을 선물한 이유는 한 해가 　　　　　새해가 　　　　　전이기 때문에 새로운 한 해를 잘 준비하라는 의미이다.

2 앞 글의 내용을 보고, 우리나라의 대표적인 부채 이름을 　　에 쓰세요.

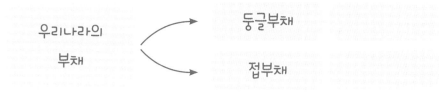

3 부채를 '가지고 다니는 미술관'이라고 하는 이유를 찾아 □에 적절한 말을 쓰세요.

운치 있는 　　　과 　　을 담았기 때문이다.

1 앞의 글을 읽는 사람의 이해를 돕기 위해 자료를 제공하려고 할 때 적절하지 <u>않은</u> 것을 고르세요. (   )

① 창원 다호리 고분에서 발굴된 부채 자루 사진

② 우리나라 부채인 둥글부채와 접부채 사진

③ 예전에 부채를 단오 선물로 주었던 풍습에 대한 근거 자료

④ 멋진 그림과 글이 들어가 있는 전통 부채의 사례

⑤ 고급스러운 장식을 한 현대의 공예 부채

2 다음은 앞의 글을 읽고 난 뒤 학생들이 보인 반응이에요. 두 반응의 공통점으로 가장 적절한 것을 고르세요. (   )

학생 1   우리나라에 질 좋은 닥종이와, 잘 쪼개지고 질긴 대나무가 있어서 부채를 견고하게 만들었다는 설명을 들은 기억이 나. 종이 이야기와 함께 대나무 이야기도 좀 더 설명되었다면 좋았을 것 같아.

학생 2   무심코 지나쳤던 부채에 대해 자세히 설명한 글을 읽고, 주변의 사소한 것들에도 애정 어린 시선을 보내야겠다는 생각이 들었어. 예전에는 단오에 부채를 선물하는 풍습이 있었다는 건 알고 있었는데, 이 글을 읽고 나니 부채와 관련한 풍습이 더 없는지 인터넷을 통해 찾아보고 싶어졌어.

① 글에서 추가되면 좋을 내용을 언급하고 있다.

② 글 내용과 관련된 자신의 배경지식을 떠올리고 있다.

③ 글을 읽고 기존에 가졌던 자신의 태도를 반성하고 있다.

④ 글을 읽고 생긴 의문점을 해결하는 방법을 생각하고 있다.

⑤ 글을 읽고 알게 된 정보를 활용해 기존 지식을 수정하고 있다.

광화문

그림자를 찾아요

❖ 웬디가 피터 팬의 그림자를 찾아 멋지게 꿰매 주고 있어요. 그림을 잘 보고 물음에 답하

세요. 문제·1~2 정답과 도움글·132쪽

1 피터 팬의 그림자로 맞는 것을 찾아 번호에 ○ 표 하세요. 그리고 피터 팬의 그림자
가 아닌 것은 피터 팬과 무엇이 다른지 써 보세요.

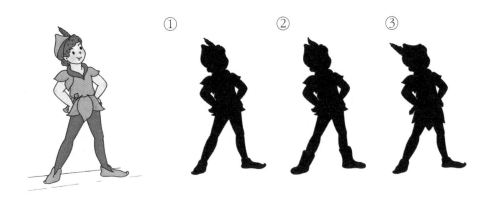

2 보기의 글을 읽고 내용에 맞는 그림자를 찾아 V 표 하세요.

보기 웬디는 치마를 입고 있어요. 웬디의 구두에는 리본이 달려 있어요. 피터 팬
은 모자를 왼손에 들고 있어요. 모자에는 깃털이 달려 있어요.

그림자의 원리를 이해해요

❖ **다음 글을 잘 읽고 물음에 답하세요.** 문제 •1~4 정답과 도움글 •132~133쪽

그림자 연극은 빛과 스크린 사이에 인형을 넣어 움직일 때 스크린에 생긴 그림자를 이용해서 꾸민 연극이다.

물체의 모양과 스크린에 생긴 그림자 모양이 비슷한 까닭은 빛의 성질 때문이다. 빛은 태양이나 전등에서 나와 사방으로 곧게 나아간다. 이렇게 빛이 곧게 나아가는 성질을 빛의 직진이라고 한다. 직진하는 빛이 물체를 통과하지 못하면 물체 모양과 비슷한 그림자가 물체의 뒤쪽에 있는 스크린에 생긴다.

물체와 스크린을 그대로 두고, 빛이 비치는 손전등을 물체와 가까이 하면 그림자 크기는 커지고 물체에서 멀리 하면 그림자 크기는 작아진다.

1 '직진'의 '직'과 같은 뜻으로 사용된 단어가 <u>아닌</u> 것을 고르세요. (   )

① 직선　　　② 수직　　　③ 직각　　　④ 직업　　　⑤ 직사광선

2 '통과'와 바꿔 쓰기에 가장 알맞은 말을 고르세요. (   )

① 투과　　　② 합격　　　③ 돌격　　　④ 승인　　　⑤ 경유

3 물체의 모양과 그림자 모양이 비슷한 것은 빛의 어떤 성질 때문인지 찾아 쓰세요.

4 앞 글을 보고 다음 내용의 [   ]에 알맞은 말을 쓰세요.

물체와 스크린을 그대로 두고, 빛이 비치는 손전등을 물체와 [   ] 하면 그림자 크기는 커지고 물체에서 [   ] 하면 그림자 크기는 작아진다.

그림자와 문화의 관계를 파악해요

❖ **다음 글을 잘 읽고 물음에 답하세요.** (문제·어휘/이해/응용) (정답과 도움글·133~134쪽)

가

빛이 비치는 곳에서는 사람과 사물의 모양대로 그림자가 만들어진다. 이런 그림자 이미지는 수천 년 동안 인간의 상상력을 자극하는 수단이었다. 특별한 기술 없이도 빛이 존재하는 공간이 있다면 어디든 사람들은 그림자로 놀이를 만들었고, 그림자 놀이는 일상을 환상으로 바꾸기에 충분했다.

나

독일의 대표적인 소설가이자 극작가인 괴테 역시 그림자 이미지를 제작했고, 덴마크의 동화 작가 안데르센은 1천여 점의 그림자 작품 제작을 하면서 문학 작품 집필에도 도움을 받았다고 한다. 그림자는 놀이의 대상뿐 아니라 문학, 예술, 철학 그리고 대중문화의 주제와 소재로 꾸준히 활용되어 왔다.

다

사람들은 원본 대상과 형태가 같은 그림자에 주술적인 의미를 부여하기도 했다. 사람의 그림자를 밟거나 창으로 찌르면 실제 당사자도 고통을 느낀다고 믿거나, 칼로 그림자를 베면 당사자를 병에 걸리도록 할 수 있다고 하는 주술사도 있었다. 또 그림자가 분리된 사람은 죽는다고 믿는 시대도 있었다.

라

그림자를 이용한 그림자극은 대부분의 문화권에서 행해졌다. 중국 송나라 시절에는 그림자극 전문 관리가 있을 정도로 그림자극이 발전했고, 이 그림자극이 유럽으로 건너가 1770년 파리에서 유럽 최초의 그림자 연극이 상연되었다고 한다. 이후 독일에서는 그림자극 전용 극장이 생길 정도로 그림자극은 유럽에서 성행했다.

마

1 그림자 애니메이션
실루엣 애니메이션이라고도 한다. 종이를 오려 만든 캐릭터를 유리판에 펴놓고, 아래에서 빛을 투과해 생긴 그림자를 조금씩 움직여 가면서 한 컷씩 촬영해 만든다.

이러한 흐름 속에서 20세기 초 그림자 이미지를 실체가 있는 캐릭터로 활용한 그림자 애니메이션[1]이 등장했다. 독일의 영화감독 로테 라이니거가 만든 〈아흐메드 왕자의 모험〉(1926년)이 초기 작품으로 가장 유명하다. 라이니거는 그림자 애니메이션의 다양한 기법을 창안해 국제적인 명성을 얻었다. 그림자 애니메이션은 디즈니로 대표되는 주류 애니메이션과는 달리 굉장히 단순한 캐릭터와 색채 그리고 정적이고 분절적인 움직임으로 관객들에게 더 시적인 세계를 상상하게끔 했다.

1 '전용'의 뜻을 읽고 □에 알맞은 말을 쓰세요.

전용(專用) : 혼자서만 쓰거나 한 가지 목적으로만 쓴다는 뜻.

(1) 이 병원의 □□ 전용 엘리베이터는 환자를 위해 일반인이 사용하는 것보다 더 크게 만들어져 있다.

(2) □□ 전용 차선은 대중교통인 버스의 원활한 소통을 위해 만들었다. 일정 시간에 승용차나 택시는 이 차로로 다닐 수 없다.

(3) 그는 일상생활에서 한자를 완전히 폐지하는 □□ 전용보다는 한글과 한자를 혼용하는 것이 바람직하다고 생각한다.

2 다음 중 '실체'가 바르게 쓰이지 <u>않은</u> 문장을 고르세요. (   )

① 그의 실체가 만천하에 밝혀졌다.

② 드디어 사건의 실체가 밝혀졌다.

③ 그런 거짓 허울은 벗어 버리고 너의 실체를 밝혀라.

④ 짙은 안개 때문에 어떤 실체도 알아볼 수가 없었다.

⑤ 이 글은 실체 일어난 사실에 바탕을 두고 있다.

3 앞 글에 나온 낱말 중 다음과 반대의 뜻을 가진 낱말을 찾아 쓰세요.

동적(動的) : 움직이는 성격의 것　　◆▶

연속적(連續的) : 연달아 이어지는 것　　◆▶

1 그림자 이미지를 제작한 문학가 두 사람의 이름을 찾아 쓰세요.

2 로테 라이니거가 제작한 초기 그림자 애니메이션 작품 이름을 찾아 쓰세요.

3 앞 글의 내용과 <u>다른</u> 것을 고르세요. (　　　)

① 그림자놀이의 역사는 오래되었다.

② 문학가들은 그림자놀이를 통해 작품 집필에 도움을 받았다.

③ 그림자가 분리된 사람은 죽는다고 믿는 시대도 있었다.

④ 그림자를 이용한 그림자극은 대부분의 문화권에 걸쳐 행해졌다.

⑤ 그림자 애니메이션은 다양한 색채로 보는 사람들을 감동시켰다.

1 앞 글의 내용을 잘못 이해한 친구를 찾아보세요. (   )

① 그림자가 분리된 사람은 죽는다고 믿는 시대 이야기를 보니 피터 팬이 생각이 났어. 그래서 〈피터 팬〉 작가는 피터 팬의 그림자가 분리된 상황을 설정했나 봐.

② 어렸을 때 엄마가 손으로 벽에 나비랑 새 그림자를 만들어 보여 주신 적이 있어. 이것도 빛이 직진하는 성질을 이용한 그림자놀이라고 생각하니 재미있네.

③ 이 글을 읽고 검색해 보니 안데르센의 〈그림자〉라는 작품이 있었어. 안데르센이 그림자에 관심이 많았던 게 사실인가 봐. 이 책을 한번 읽어 보고 싶어.

④ 그림자극은 흑백으로 되어 있어서 동양의 수묵화를 생각나게 해. 흑백은 절제의 아름다움이 있어. 중국 송나라에서 성행했다고 하니 유럽 정서와는 안 맞았나 봐.

⑤ 그림자 애니메이션은 모든 것을 자세하고 사실적으로 보여 주지 않고 단순하게 생략해서 보여 줘. 보여 주지 않는 부분은 각자의 상상으로 채우기 때문에 상상력이 더 커지는 것 같아.

2 앞의 글을 읽고 손으로 하는 그림자놀이의 좋은 점이 <u>아닌</u> 것을 고르세요. (   )

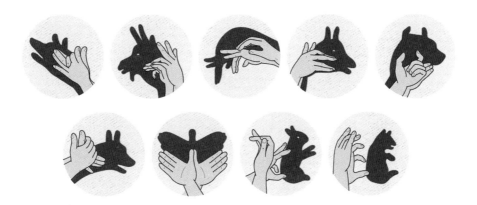

① 일상을 단번에 이야기 속 상상의 세계로 만들어 준다.

② 다양한 동물의 움직임을 표현할 수 있어서 흥미롭다.

③ 그림자만으로 표현하기 때문에 상상력을 기를 수 있다.

④ 다양한 모양을 만들려면 전문적인 훈련이 필요하다.

⑤ 특별한 기술 없이도 빛이 존재하는 공간이 있다면 즐길 수 있다.

1단계

그림과
함께
읽기

식물을 이용해요

❖ 일상생활에서 식물이 다양하게 활용되는 모습이에요. 그림을 잘 보고 물음에 답하세요.

문제 •1~2   정답과 도움글 •134~135쪽

먹을거리 균형 있는 영양소를 제공한다.

공기 정화 이산화탄소를 흡수하고 산소를 공급한다.

치료 인삼, 도라지 등 특정 식물은 치료용으로 쓰인다.

옷감 모시, 목화, 삼 등의 줄기에서 실을 뽑아 옷감을 만든다.

1 친구들이 식물을 이용한 경험을 읽고 관련 있는 것과 줄로 이으세요.

엄마는 커피를 하루에 한 잔씩 드셔. •

여름이라 시원한 모시옷을 할머니께 사 드렸어. •

• 먹을거리

엄마가 거실에 식물을 많이 놓아 두었어. •

식물성 단백질이 풍부한 두부는 건강에 좋아. •

• 공기 정화

면 속옷은 땀 흡수를 잘해서 위생에 좋아. •

• 치료

아스피린 원료는 버드나무 껍질에서 뽑아낸대. •

나무가 많은 숲길은 공기가 좋아서 걷다 보면
몸이 건강해지는 느낌이야. •

• 옷감

감기에 걸려서 목이 아픈데 엄마가 도라지를
달여 주셨어. •

2 '먹을거리'에 쓰인 '-거리'의 의미를 아래에서 읽고, '-거리'가 들어가는 말을 ☐에 써
보세요.

거리 : 내용이 될 만한 재료

(1) ☐☐☐ 가 없을 때는 무시레기만 넣어 된장국을 끓여도 충분해.

(2) 그는 한 달 동안 ☐☐☐ 가 없어서 놀고 있다.

(3) 화려한 ☐☐☐ 덕분에 눈이 즐거웠다.

식물의 특징을 활용해요

❖ **다음 글을 잘 읽고 물음에 답하세요.** (문제·1~4) (정답과 도움글·135쪽)

　우리는 생활에서 식물의 특징을 여러 가지 방법으로 활용한다. 식물의 특징을 생활에서 어떻게 활용하는지 알아보자.

　도꼬마리 열매의 생김새를 활용한 찍찍이 테이프는 끈을 대신해 신발이 벗겨지지 않게 하는 데 사용된다. 날개가 하나인 선풍기는 떨어지면서 회전하는 단풍나무 열매의 생김새를 활용해 만들었다. 물이 부족한 지역에서는 느릅나무 잎의 생김새를 활용해 빗물 모으는 장치를 만들었다. 또 비에 젖지 않는 연꽃잎의 특징을 활용해 물이 스며들지 않는 옷을 만들었다. 솔방울은 젖은 상태에서는 오므라들고 건조한 상태에서는 벌어지는 특징이 있다. 이런 솔방울의 특징을 활용해 빗물이 스며드는 것은 막아 주고, 몸의 열이 잘 배출되는 옷을 만들었다.

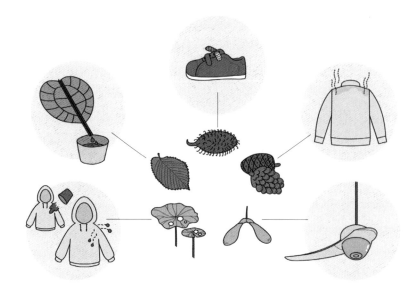

1 도꼬마리와 운동화의 찍찍이 테이프는 어떤 공통점이 있는지 초성을 참고하여 □에 적어 보세요.

끝이 ㄱ ㄱ ㄹ 모양이어서 동물의 ㅌ 이나 옷 등에 쉽게 붙을 수 있다.

2 날개가 하나인 선풍기는 어떤 식물의 특징을 본떠서 만든 것인지 쓰세요.

3 앞의 글을 읽고 중심 문장을 찾아 쓰세요.

4 앞 글의 내용이나 주제를 이해하기 위한 읽기 방법으로 적합하지 <u>않은</u> 것을 고르세요. (　　)

① 일민 : 모르는 낱말들이 있어. 사전에서 찾아볼래.

② 이경 : 느릅나무 잎 모양을 인터넷으로 검색할래.

③ 삼희 : 단풍나무 열매가 회전하는 모습을 동영상으로 볼래.

④ 사강 : 물이 부족한 지역이 어디인지 조사해야겠어.

⑤ 오수 : 식물의 특징을 생활에 활용하는 다른 예를 더 찾아볼래.

자연을 모방해 도구를 만들어요

❖ **다음 글을 잘 읽고 물음에 답하세요.** (문제·어휘/이해/응용) (정답과 도움글 •135~136쪽)

가

1 **생체** 생물의 몸, 또는 살아 있는 몸.

많은 과학자가 새로운 로봇에 대한 아이디어를 자연에서 얻는다. 자연에서 얻은 아이디어로 만든 로봇을 '생체 모방 로봇'이라고 한다. '생체[1] 모방(Biomimetics)'이란, 다양한 생물의 특성이나 구조 등을 본뜬 기술을 뜻한다. 생명을 뜻하는 '바이오(Bio)'와 모방을 의미하는 '미메틱(Mimetic)'을 합친 말이다.

나

인간은 왜 자연을 모방할까? 답은 바로 '생존 경쟁에서 살아남은 생물체가 지닌 특성' 때문이다. 인류는 여러 생물이 척박한 자연환경에서 생존할 수 있었던 특징을 연구함으로써 인간에게 없는 부분을 보완한다.

다

인상적인 생체 모방 로봇들을 몇 가지 살펴보자. 2015년 독일 함부르크에서 열린 지능 로봇과 관련된 국제 학술 대회에서 남아프리카 공화국 케이프타운대학 소속 연구자 세 명이 '리프'라는 로봇을 발표했다. 연구자들은 뛰어오르는 거미에게서 영감을 얻어 이 로봇을 개발했다. 거미는 뛰어오를 때 자신이 만든 거미줄을 이용하고, 착륙할 때도 거미줄을 당기거나 조종해 올바른 방향으로 착지할 수 있게 한다.

라

몸체가 길고 가는 뱀을 보고 아이디어를 얻어 개발된 로봇도 있다. 액티브 스코프 카메라(Active Scope Camera)는 일본 도호쿠 대학 로봇팀에서 제작한 뱀 모양 구조 로봇이다. 2011년 3월, 일본 동북부 지역을 강타한 강진과 쓰나미로 도시가 파괴되고 엄청난 인명 피해가 있었는데, 액티브 스코프 카메라 로봇이 피해 현장에 투입되어 생존자 찾는 일을 수행했다. '스코프'라고도 불리는 이 로봇은 사람이 접근할 수 없는 좁은 공간을 빠른 속도로 이동할 수 있었기 때문에 피해 현장 깊숙이 들어가 고해상도의 광 카메라로 피해 현장의 영상을 촬영해 전송했다.

마

2 이목 주의나 관심.

고갈되는 지하자원을 대체할 새로운 에너지원 탐사에 수십 년 전부터 전 세계 이목[2]이 집중되고 있다. 2020년 6월, 한국과학기술원(KAIST) 전기·전자 공학부 명현 교수 연구팀은 숨겨진 지하자원을 탐사하는 두더지 모양의 '몰봇(Mole-bot)'을 개발했다고 밝혔다. 몰봇은 우주 행성의 표면과 같은 극한 환경을 탐사하고 표본을 채취하는 생체 모방형 로봇이다. 석유나 석탄과 같은 기존 에너지원을 대체하는 새로운 에너지, 탄층 메탄가스, 희토류 등이 매장된 지역을 탐사할 수 있다.

바

"자연은 최고의 스승이다." 르네상스 시대 이탈리아의 화가이자 과학자, 공학자였던 레오나르도 다 빈치가 한 말이다. 그는 자연을 모방하는 이와 같은 시대가 올 것을 일찌감치 짐작했는지도 모른다.

1 앞의 글을 읽고 다음 설명에서 내용에 맞게 □를 채워 넣으세요.

　　　　　　　　(Biomimetics)'이란 다양한 생물의 특성이나 구조 등을 모방한 기술을 뜻한다. 생명을 뜻하는 '바이오(Bio)'와 모방을 의미하는 '미메틱(mimetic)'이라는 단어를 합쳐서 만든 용어이다.

2 어휘에 맞는 뜻을 찾아 줄로 이으세요.

강진
(強 강할 강, 震 우레 진)　·　　·　지하자원 따위가 땅속에 묻혀 있음.

희토류
(稀 드물 희, 土 흙 토, 類 무리 류)　·　　·　진도 5 이상의 강한 지진을 이름.

고갈
(枯 마를 고, 渴 목마를 갈)　·　　·　어떤 일의 바탕이 되는 돈이나 물자, 소재, 인력 따위가 다하여 없어짐.

매장
(埋 묻을 매, 藏 감출 장)　·　　·　자연계에 매우 드물게 존재하는 17개의 금속 원소를 이름.

1 동물의 특징을 읽고, 오른쪽의 로봇들이 각각 어떤 동물을 모방해서 만들었는지 알맞게 연결하세요.

뱀은 길고 가는 몸으로 좁은 틈도 자유롭게 들어감.

줄을 이용하여 공중을 뛰어오른 후 자유롭게 착륙하는 로봇

거미는 거미줄을 활용해서 자유롭게 뛰고 착지함.

극한 지역에서도 지하를 뚫고 자원을 탐사할 수 있는 로봇

두더지는 흙이 무너지지 않게 땅을 파고 흙을 치움.

사람 대신 좁은 틈으로 들어가 현장을 수색하는 구조 로봇

2 인간이 자연을 모방하는 이유는 무엇인지 쓰세요.

3 인간이 식물과 동물을 모방해 생활에 필요한 물건을 만드는 것을 보며 "자연은 최고의 스승이다."라는 밀을 한 사람은 누구인지 쓰세요.

1 앞 글의 내용을 잘못 이해한 사람을 고르세요. (   )

① 가영 : 동물의 장점을 관찰 후 모방해서 만든 로봇이 많다는 것을 알게 되었어.

② 나래 : 몰봇은 극지방이나 우주 행성을 탐사하기에 적합한 로봇이야. 지구에 자원이 점점 부족해진다고 하니 우주 자원을 채굴하기에 적합할 것 같아.

③ 다민 : 로봇은 사람이 하기 어려운 일을 수행할 수 있어서 인간에게 도움이 많이 되는 것 같아.

④ 라희 : 로봇은 생물체가 지닌 우수한 특성을 모방해서 인간에게 부족한 부분을 보완하고 있어.

⑤ 마음 : '스코프'라고도 불리는 로봇은 아직 개발 단계이지만, 곧 유용한 역할을 수행할 것 같아.

2 앞의 글을 읽고 학생들이 보인 반응에 대한 설명으로 적절하지 <u>않은</u> 것을 고르세요.
( )

학생 1 　'몰봇(Mole-bot)'이 우리나라에서 개발한 로봇인지 몰랐는데,
이 글을 읽고 알게 되었어. 우리나라에서 만든 로봇이 더 있는지
찾아봐야겠어.

학생 2 　거미의 행동을 모방하여 만든 로봇은 어디에 쓰이는지 궁금해. 더
알아봐야겠어. 이 내용이 실린 자료가 나와 있으면 알아보기 더
쉬울 텐데 나와 있지 않아서 아쉽네.

학생 3 　이번 방학 조별 과제로 이 내용에 대해 좀 더 조사해 보고 싶어.
내용을 잘 정리해서 우리 조 친구들에게 알려 줘야겠어.

① 학생 1은 위 글로 알게 된 정보를 통해 기존의 지식을 수정하고 있다.
② 학생 1, 2는 글에 나오지 않은 내용에 대해 궁금증을 드러내고 있다.
③ 학생 3은 알게 된 내용을 다른 친구들에게 공유하려고 한다.
④ 학생 1, 2, 3은 글을 읽고 난 후 추가적인 활동을 계획하고 있다.
⑤ 학생 3은 글에 나온 정보에 출처가 언급되지 않았음을 지적하고 있다.

1단계

그림과
함께
읽기

층간 소음을 줄여요

❖ 층간 소음을 줄이기 위해 실천해야 할 사항이에요. 그림을 잘 보고 물음에 답하세요.

문제 • 1~2   정답과 도움글 • 136~137쪽

뛰지 않기

늦은 밤이나 새벽에 운동, 연주 등 하지 않기

늦은 밤이나 새벽에 세탁기, 청소기, 샤워 등
하지 않기

텔레비전이나 음악 소리 크게 틀지 않기

1 의성어는 사람이나 사물의 소리를 흉내 낸 말이에요. 적절한 것끼리 줄로 이으세요.

콰콰 •

빽빽 •

꽈당 •

콸콸 •

왈왈 •

뚱땅 •

• 개가 종일 ○○ 짖어 댄다.

• 세탁기에서 물이 ○○ 쏟아진다.

• 의자가 ○○ 넘어지다.

• 소리를 ○○ 지르다.

• 옆집 아이가 한밤중에 피아노를 ○○거려 잠을 잘 수 없다.

• 발을 ○○ 구르다.

2 사람이나 사물의 모양이나 움직임을 흉내 낸 말을 의태어라고 해요. 보기 의 의태어를 사용해 □에 적절한 말을 쓰세요.

보기 질질   사뿐사뿐   소곤소곤   겅중겅중   뚝딱뚝딱

(1) 식탁 의자를 [   ] 끌지 않아요.

(2) 거실에서는 [   ] 뛰지 말고 [   ] 걸어요.

(3) 대화할 때는 [   ] 이야기해요.

(4) 옆집에서 [   ] 못질하는 소리에 잠을 깼어요.

소음을 줄이는 도구를 활용해요

❖ **소음을 줄이는 방법에 관한 다음 글을 잘 읽고 물음에 답하세요.** 문제 • 1~3 정답과 도움글 • 137쪽

　우리 주변에는 다양한 소음이 있다. 소음은 사람의 기분을 좋지 않게 만들거나 건강을 해칠 수 있는 시끄러운 소리를 말한다. 사람이 많은 곳에서 나는 소리, 공장이나 공사장에서 나는 소리, 자동차나 비행기에서 나는 소리 등 많은 소음이 있다. 이러한 소음을 줄이려면 어떻게 해야 할까?

　소리의 세기를 줄이거나 음악실의 방음벽처럼 소리가 잘 전달되지 않도록 하면 소음을 줄일 수 있다. 또 도로 방음벽을 설치하면 도로에서 생기는 소리를 반사해 소음을 줄일 수 있다.

1 다음은 가로세로 낱말 퀴즈예요. 설명을 읽고 알맞은 단어를 쓰세요.

가로

불규칙하게 뒤섞여 불쾌하고 시끄러운 소리.

예 ○○ 공해.

세로

한쪽의 소리가 다른 쪽으로 새어 나가거나 새어 들어오는 것을 막기 위하여 설치한 벽.

예 ○○○ 설치

2 소음의 나쁜 점은 무엇인지 □에 알맞은 말을 쓰세요.

사람의   을 좋지 않게 만들거나   을 해칠 수 있습니다.

3 소음을 줄이려면 어떻게 해야 할지 □에 알맞은 말을 쓰세요.

소리의   를 줄이거나   을 설치합니다.

백색 소음에 대해 알 수 있어요

❖ **다음 글을 잘 읽고 물음에 답하세요.** 문제·어휘/이해/응용 정답과 도움글·137~138쪽

㉮

평소 공부할 때, 조용한 공간에서는 집중이 잘되지 않는다고 하는 사람들이 꽤 있다. 너무 조용한 곳보다는 약간의 소음이 있는 곳에서 공부가 더 잘된다고 생각한다면 그것은 백색 소음이 만들어 낸 효과라고 볼 수 있다. 소음은 보통 귀에 거슬리는 시끄러운 소리로 불쾌감을 주지만, 백색 소음은 집중력을 향상시키는 효과가 있는 것으로 알려져 있다. 그래서 일부러 적당한 소음이 있는 카페에서 공부하는 학생도 있다.

㉯

백색 소음은 음높이가 다른 여러 소리가 합쳐진 것으로, 우리 귀에 익숙하면서도 거슬리지 않는 소음을 뜻한다. '빨주노초파남보' 무지개 색깔의 빛이 모두 합쳐진 투명한 빛을 '백색광'이라 부르는 것처럼, 다양한 음높이의 소리가 합쳐진 것을 '백색 소음'이라고 한다. 프리즘에 비춰 보지 않는 한 육안으로는 백색광을 무지갯빛으로 구분하기 어려운 것처럼, 백색 소음 역시 귀로는 각각의 음높이를 구분하기 어렵다. 백색 소음이 있는 공간에서는 소리가 들리긴 하지만 어떤 음인지 뚜렷하게 인식하지 못한다. 그래서 사람들은 소리가 있다는 정도로 받아들일 뿐 소리에 크게 신경 쓰지 않고 하던 일에 집중할 수 있다.

다 그러면 백색 소음에는 어떤 것이 있을까? 빗소리, 물 흐르는 소리, 선풍기 돌아가는 소리 등이 주변에서 흔히 들을 수 있는 백색 소음이다. 백색 소음은 파도 소리, 바람 소리, 시냇물 흐르는 소리처럼 자연에서 나는 소리와 진공청소기 소리나 공기 청정기 소리처럼 인공적인 소리로 나눌 수 있다.

라 백색 소음은 주변 소리를 덮어 주는 작용을 하므로 집중력과 안정감을 높이는 것으로 알려져 있다. 백색 소음을 들려주었을 때 뇌파 반응을 검사했더니, 불안 및 긴장과 관련된 베타파가 줄어들고 평온한 상태를 나타내는 알파파가 증가한 것으로 나타났다. 한국 산업 심리학회 연구에 따르면 백색 소음이 있을 때 집중력이 47.7퍼센트 향상되었고, 학습에 소요된 시간은 13.63퍼센트 단축되었으며, 스트레스는 27.1퍼센트 감소했다고 한다.

마 그렇다고 해서 백색 소음을 일부러 찾아 들으면 오히려 신경이 쓰여 집중도가 떨어질 수 있다. 또한 백색 소음이라 해도 오랜 시간 듣게 되면 귀에 해로울 수 있으므로 주의가 필요하다. 백색 소음의 크기는 50에서 70데시벨[1] 정도가 효과적이라고 하니 너무 큰 백색 소음은 피해야 한다.

1 데시벨 소리의 세기를 나타내는 단위로 기호는 dB이다.

1 소리의 크기를 측정하는 단위를 앞의 글에서 찾아 쓰세요.

2 밑줄 친 말과 바꾸어 쓸 수 있는 말에 ○ 표 하세요.

(1) 어떤 음인지 뚜렷하게 인식하지 못합니다.

(판단하지 / 조사하지)

(2) 학습에 소요된 시간은 13.63% 단축되었으며,

(든 / 버린) (줄어들었으며 / 늘어났으며)

(3) 백색 소음은 집중력을 향상해 주는 효과가 있는 것으로 알려져 있다.

(높여 / 낮춰)

3 앞의 글에 쓰인 낱말 중 반대 의미끼리 연결되지 <u>않은</u> 것을 고르세요. (　　　)

① 증가 ⬌ 감소　　② 불안 ⬌ 안정

③ 자연 ⬌ 인공　　④ 단축 ⬌ 연장

⑤ 소음 ⬌ 잡음

1 앞의 글의 내용에 맞게 □에 알맞은 말을 쓰세요.

(1) 소음은 □□□ 을 주고, 백색 소음은 □□□ 을 향상시켜
준다.

(2) 백색 소음을 들려주고 뇌파 반응 검사를 했더니 불안 및 긴장과 관련된
□□□ 가 줄어드는 것을 알 수 있다.

(3) 백색 소음을 들으면 평온한 상태를 나타내는 □□□ 가 증가하는
것으로 나타났다.

2 앞 글의 내용에 대한 이해로 적절하지 <u>않은</u> 것을 고르세요. (　　)

① 백색 소음은 우리 주변에서 흔히 들을 수 있다.

② 장시간 백색 소음을 들으면 청력에 부정적 영향을 준다.

③ 백색 소음이 귀에 거슬리지 않는 것은 음높이가 뚜렷이 인식되지 않기 때
문이다.

④ 인공적인 백색 소음보다 자연에서 나는 백색 소음이 집중력을 높이는 데
효과적이다.

⑤ 백색 소음이 집중력과 안정감을 높여 주는 것은 주변의 소리를 덮어 주기
때문이다.

1 다음은 앞의 글을 읽은 학생의 생각이에요. 이 학생의 읽기 태도에 대한 설명으로 맞지 <u>않은</u> 내용을 고르세요. (　　　)

- 과학 시간에 소음에 대해서 배웠는데, 그 내용을 떠올리면서 읽으니 더 이해하기 쉬운 것 같아.
- 인공적인 백색 소음과 자연에서 나는 백색 소음의 효과에 차이는 없는 걸까? 그 내용도 더 추가되면 좋을 것 같아.
- 50~70데시벨 크기의 백색 소음을 듣는 것이 효과적이라고 하는데, 이를 증명할 자료가 제시되지 않아 믿기 어렵군.
- 언니가 카페에서 공부한다고 하면 엄마가 이해 못 하셨는데, 이 내용을 말씀드려야겠어.

① 글 내용의 신뢰성을 평가하며 읽는다.
② 글에서 추가했으면 하는 내용을 언급하고 있다.
③ 글의 내용과 연관된 배경지식을 활용하며 읽었다.
④ 글을 읽고 생긴 의문점을 해결하는 방법을 생각하고 있다.
⑤ 글을 통해 알게 된 정보를 활용하여 생활에 적용하려고 한다.

2 앞의 글을 읽고 내용을 잘못 이해한 친구를 고르세요. (　　)

① 가은 : 백색 소음이 좋은 점도 있다는 것을 알게 되었어.

② 나리 : 나도 너무 조용할 때보다는 음악을 들으면서 공부할 때 더 집중이
　　　　　잘되는데 그게 백색 소음 때문이었구나.

③ 다솜 : 난 앞으로 집중력 향상을 위해 백색 소음을 찾으러 다닐 거야.

④ 라희 : 오래 들으면 귀에 안 좋다고 하니 시간을 정해서 들어야겠다.

⑤ 마음 : 너무 큰 소리는 안 좋다고 하니 주의해야 할 것 같아.

암석을 관찰해요

❖ 암석의 특징이 나타난 그림을 잘 보고 물음에 답하세요. 문제•1~2 정답과 도움글•138쪽

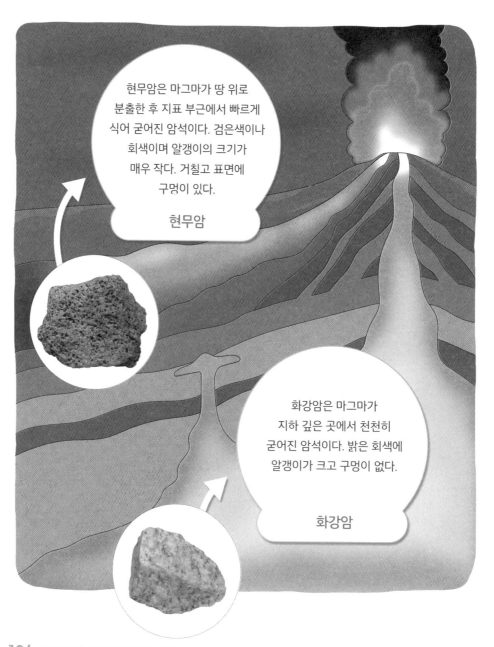

1 화강암과 현무암을 관찰하고 만든 표예요. 내용에 맞게 □에 알맞은 말을 쓰세요.

특징 \ 암석	(1) □□□	(2) □□□
생김새	밝은 회색에 검은 알갱이가 보인다.	표면에 구멍이 나 있다.
만들어진 곳	지하 깊은 곳	지표 부근
알갱이 크기	크다	작다
단단함	강하다. 단단하다.	약하다. 무르다.

2 두 암석의 특징에 맞게 □에 알맞은 말을 써넣으세요.

(1) 제주도의 돌하르방은 검은색이고
   표면에 구멍이 있습니다.

   　　　　　　으로 만들었습니다.

(2) 석굴암의 불상은 밝은색이고
   단단합니다. 표면에 구멍이 없고
   매끈합니다. 　　　　　으로
   만들었습니다.

암석의 특징을 알 수 있어요

❖ **암석의 순환 과정에 대한 다음 글을 잘 읽고 물음에 답하세요.** 문제·1~3 정답과 도움글·138~139쪽

암석은 지각을 구성하고 있는 단단한 물질을 뜻한다. 암석은 만들어지는 과정에 따라 화성암, 퇴적암, 변성암으로 분류된다.

화성암은 화산 활동으로 만들어진 암석인데, 마그마 또는 용암이 식어서 굳어진 것이다. 화성암에는 화강암과 현무암이 있다. 땅속에서 마그마가 천천히 식어 만들어진 화강암은 알갱이 크기가 큰 것이 특징이다. 그에 비해 지표 부근에서 용암이 빠르게 식어서 생길 경우, 현무암처럼 알갱이 크기가 작다.

퇴적암은 바다나 호수 바닥 등에 쌓인 퇴적물이 다져지고 굳어져서 만들어진 암석이다. 역암, 사암, 이암, 석회암처럼 자갈, 모래, 진흙, 조개껍데기, 석회 물질 등 퇴적물의 종류에 따라 암석 종류가 결정된다.

이런 화성암과 퇴적암이 높은 열과 압력으로 성질이 변해 만들어진 암석이 변성암이다. 사암(퇴적암)이 규암으로, 화강암(화성암)이 편마암으로 변한 것이 여기에 해당한다.

1 앞의 글을 읽고 □에 알맞은 말을 채워 넣으세요.

(1) ☐☐☐ 은 화산 활동을 통해 만들어진 암석을 말한다.

(2) ☐☐☐ 은 바다나 호수 바닥 등에 쌓인 퇴적물이 다져지고 굳어져서 만들어진 암석이다.

(3) ☐☐☐ 은 앞의 두 암석이 높은 열과 압력으로 성질이 변해 만들어진 암석이다.

2 어휘에 맞는 뜻을 찾아 줄로 이으세요.

역암
(礫 조약돌 역, 巖 바위 암)
·   · 알갱이의 크기가 진흙과 같이 작은 것이 굳어져서 된 암석.

사암
(砂 모래 사, 巖 바위 암)
·   · 모래보다 알갱이가 더 굵은 자갈로 이루어진 암석.

이암
(泥 진흙 이, 巖 바위 암)
·   · 알갱이의 크기가 진흙보다 더 큰 모래로 이루어진 암석.

3 다음 보기 의 암석들을 종류에 맞게 분류해서 이름을 적어 보세요.

보기 석회암   화강암   편마암   이암   규암   현무암

(1) 화성암	(2) 퇴적암	(3) 변성암

암석의 변성 작용을 알 수 있어요

❖ **다음 글을 잘 읽고 물음에 답하세요.** 문제·어휘/이해/응용 정답과 도움글·139~140쪽

가

온도와 압력의 변화로 지각 내 암석의 광물 조합 및 조직
이 변하게 되는 것을 '변성 작용'이라고 한다. 일반적으로 약
100~500℃ 온도와 비교적 낮은 압력에서 일어나는 변성 작용을
'저변성 작용'이라 하고, 약 500℃ 이상의 높은 온도와 비교적 높
은 압력에서 일어나는 변성 작용을 '고변성 작용'이라 한다.

나

변성 작용에 영향을 주는 중요한 요인 중 하나가 온도이다. 밀
가루, 소금, 설탕, 이스트, 물 등을 섞어 오븐에 넣으면 높은 온
도에 의한 화학 반응이 일어나 새로운 화합물인 빵이 만들어진
다. 이와 마찬가지로 암석이 가열되면 그 속에 있는 여러 광물
중 일부는 재결정화되고 또 다른 광물들은 서로 반응해 새로운
광물들을 생성하게 되어 변성암이 만들어진다.

다

1 섭입 지구의 표층을
이루는 판이 서로 충
돌하여 한쪽이 다른
쪽의 밑으로 들어가는
현상.

암석에 가해지는 열은 대개 지구 내부에서 공급된다. 섭입[1]이나
대륙 충돌과 같은 지각 운동으로 암석이 지구 내부로 이동할 때
이러한 열 공급이 많이 일어난다. 지구 내부 온도는 지각 내부
환경에 따라 상승 비율이 다르지만, 일반적으로 지구 내부로 깊
이 들어갈수록 높아진다. 이렇게 온도가 높아지는 것은 변성 작

용을 더 활발하게 일으키는 요인이 된다. 예를 들어 점토 광물을 함유한 퇴적암인 셰일[2]이 지구 내부에 매몰되면 지구 내부의 높은 온도로 암석 내부의 광물들이 서로 합쳐지거나 새로운 광물들이 생성되어 변성암이 되는데, 저변성 작용을 받게 되면 점판암이 되고, 고변성 작용을 받게 되면 편암이나 편마암이 되는 것이다.

라

3 응력 물체에 외부 힘이 가해질 때 그 크기에 대응하여 물질 내에 생기는 저항력. 모든 방향에서 균일하게 작용하지 않는 차등 응력에 의해 지구 내부 물질 및 암석이 변형된다.

암석의 변성 작용을 일으키는 또 다른 중요한 요인은 압력이다. 모든 방향에서 일정한 힘이 가해지는 압력을 '균일 응력[3]'이라 하고, 어느 특정한 방향으로 더 큰 힘이 가해지는 압력을 '차등 응력'이라고 한다. 변성암의 경우 주로 차등 응력 조건에서 생성되며 그 결과 뚜렷한 방향성을 갖는 조직이 발달한다. 변성 작용이 진행됨에 따라 운모와 녹니석과 같은 광물들이 자라기 시작하며, 광물들은 층의 방향이 최대 응력 방향과 수직을 이루는 방향으로 배열된다. 이렇게 새롭게 생성된 판 형태의 운모류 광물들이 보여 주는 면 조직을 '엽리'라고 부른다.

마

저변성암은 매우 미세한 입자들로 구성되어 있어서 새로 형성된 광물 입자들은 현미경으로 관찰할 수 있고, 고변성 작용을 받게 되면 입자들이 커져서 각 광물 입자들을 육안으로 관찰할 수 있다.

바

고체에 변화가 생겼을 때, 고체는 액체나 기체와 달리 고체를 변화시킨 영향을 보존하는 경향이 있다. 고체 상태에서 변화가 일어난 변성암에는 지각에서 일어났던 모든 일이 보존되어 있다. 그 암석들이 보존하고 있는 기록들을 해석하는 것이 지질학자들의 막중한 임무이다.

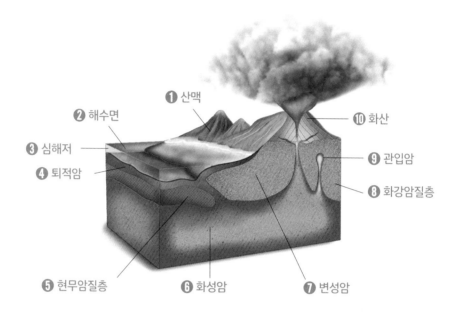

❶ 산맥
❷ 해수면
❸ 심해저
❹ 퇴적암
❺ 현무암질층
❻ 화성암
❼ 변성암
❽ 화강암질층
❾ 관입암
❿ 화산

1 앞 글의 내용에 맞게 □에 알맞은 말을 쓰세요.

變	成	巖	堆	積	巖
변할 변	이룰 성	바위 암	쌓을 퇴	쌓을 적	바위 암

(1) ☐☐☐ 은 모래나 자갈, 진흙 등이 쌓여서 만들어진 암석이다.

(2) ☐☐☐ 은 성질이 변하여 이루어진 암석이다.

2 어휘에 맞는 뜻을 찾아 줄로 이으세요.

지각 •

• 물질이 어떤 성분을 포함하고 있음.
  예 과일에는 비타민이 풍부하게 ○○되어 있다.

매몰 •

• 지구의 가장 바깥쪽을 둘러싼 부분.
  예 ○○ 변동으로 특이한 지형이 형성되기도 한다.

함유 •

• 보이지 않게 파묻히거나 파묻음.
  예 그 마을은 지난번 산사태로 ○○되었다.

1 앞 글의 내용에 맞게 □ 안을 적절한 말로 채우세요.

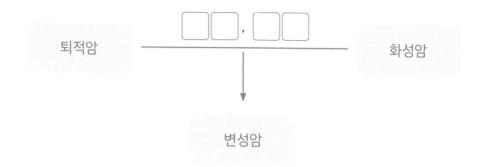

2 앞 글의 내용에 맞게 □에 적절한 말을 쓰세요.

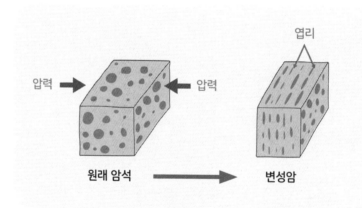

원래의 암석이 압력을 받으면 암석을 이루는 광물이 최대 응력 방향과

□□을 이루는 방향으로 배열된다. 이렇게 새롭게 생성된 면 조직을

'엽리'라고 부른다.

1 앞 글의 내용과 일치하지 <u>않는</u> 것을 고르세요. (   )

① 변성 작용이 일어나면 재결정화되는 광물들이 있다.

② 변성암은 고체 상태에서 광물 조합 및 조직이 변화한다.

③ 지표의 암석들은 섭입에 의해 지구 내부로 이동될 수 있다.

④ 균일 응력은 모든 방향에서 힘이 일정하게 가해지는 압력이다.

⑤ 차등 응력 조건 하에서 광물들은 최대 응력 방향과 동일한 방향으로 배열된다.

2 앞 글을 바탕으로 보기 를 이해한 내용으로 적절하지 <u>않은</u> 것을 고르세요. (   )

보기

퇴적암인 셰일은 변성 작용으로 변성암이 될 수 있다. 다음은 온도와 압력이 증가할수록 주요 광물 성분에도 변화가 생기고, 그에 따라 점판암, 편암, 편마암과 같은 변성암이 생성되는 것을 보여 주는 자료이다.

변성도 →

	변성받지 않음	저변성	고변성
암석 이름	셰일 →	점판암 →	편암 / 편마암
대표적인 구성 광물	석영, 점토광물, 방해석	석영, 녹니석, 백운모, 사장석	석영, 흑운모, 석류석, 규선석, 시장석

① 셰일과 점판암을 구성하는 주요 광물이 다른 것은 변성 작용과 관련이 있 겠군.

② 석영의 존재 여부만으로 퇴적암인 셰일과 변성암인 편마암을 구별하는 것 은 어렵겠군.

③ 셰일이 변성 작용으로 편암이나 편마암으로 되는 동안 지각에서 일어난 일들이 암석에 흔적으로 남아 있겠군.

④ 셰일이 지구 내부에 매몰되어 편암이 되었다면 점판암이 될 때보다 더 높 은 온도와 더 큰 압력의 영향을 받았겠군.

⑤ 점판암에서 백운모가 배열되어 형성된 판 형태의 면 조직은 편마암의 흑 운모가 배열되어 형성된 판 형태의 면 조직보다 육안으로 관찰이 쉽겠군.

정답과
도움글

숨은그림찾기를 해요

1 사과나무, 고추잠자리, 나팔꽃, 콩밥, 주먹밥, 꽃나무

2 풋 : 풋사과, 풋콩, 풋고추
　맨 : 맨밥, 맨주먹

풋 　　 일부 낱말 앞에 붙어서 '다른 것이 없다'는 뜻을 더하는 말이에요.

맨 　　 일부 낱말 앞에 붙어서 '처음 나온', 또는 '덜 익은'이라는 뜻을 더하는 말이에요.

도움글

1. 그림에 나오는 낱말을 합쳐서 복합어를 만들어 보는 활동입니다.

2. '풋-'과 '맨-' 같은 '접사'는 혼자 쓰이지 않고 다른 단어에 붙어서 새로운 단어를 구성합니다. '풋-'이 붙어서 만들어진 단어는 이외에도 풋사랑, 풋잠 등이 있습니다. '맨-'이 합쳐져서 만들어지는 단어에는 맨눈, 맨발, 맨손, 맨땅 등이 있습니다.

단일어와 복합어를 배워요

1 단일어, 복합어

2

사과 / 감나무 / 얼굴 / 돌다리
부대찌개 / 고구마 / 고무신 / 쌀밥

3 ②

도움글

2. 감+나무, 돌+다리, 부대+찌개, 고무+신, 쌀+밥

3. '나비'의 '나'와 '비'는 의미를 지닌 말로 쪼갤 수 없는 낱말, 즉 '단일어'입니다.
④에서 '풋-'은 일부 낱말의 앞이나 뒤에 붙어서 뜻을 더하는 말(접사)이기 때문에 '복합어'라고 할 수 있습니다.

단어 구성 방식을 짐작해요

● 글 해설
이 글에서는 과거 신조어였던 '원어기, 소젖메주'라는 사례를 들며 대상의 인식 방식에 따라 대상을 표현하는 단어가 달라지기도 했음을 설명하고 있다. 또한 '총각, 부대찌개'를 통해 단어 속에 과거의 관습과 시대의 흔적이 남아 있음을 보여 준다. 끝으로 '딸바보'를 사례로 들어 예전처럼 오늘날도 사람들이 다양한 방식으로 단어를 만들어 표현했음을 설명한다.

● 주제

단어에 담긴 인식과 시대상 및 단어의 다양한 구성 방식

● 문단 요약

㉮ 단어의 뜻, 생겨난 과정, 구조 등을 통해 생각과 시대를 짐작할 수 있다.

㉯ 같은 대상도 무엇에 초점을 두는지에 따라 표현하는 단어가 달라지기도 한다.

㉰ 새로운 대상을 표현하기 위해 이미 있던 단어를 이용해서 표현하기도 한다.

㉱ 단어에는 그 단어가 나왔던 시대의 관습과 모습이 담겨 있다.

㉲ 예전이나 오늘날이나 사람들은 다양한 방식으로 단어를 만들어 생각을 표현한다.

어휘

1 ⑤

2 (1) 들어온 (2) 생겨난

3 보고 들은

도움글

1. '짐작'은 '사정이나 형편 따위를 어림잡아 헤아림'이라는 뜻으로 '이미'라는 말과 어울리지 않습니다.

2. '유입'은 돈, 물품, 문화, 지식, 사상 따위가 들어온다는 뜻이고, '유래'는 사물이나 일이 생겨나거나 그 사물이나 일이 생겨난 바를 뜻합니다.

이해

1 (1) 원어기 (2) 일상 (3) 행위, 사람

2 ⑤

도움글

2. ① 영어의 'telephone'을 우리말로 소개하는 단어가 나옵니다.

② 어디에 초점을 두는지에 따라 'telephone'을 '원어기'나 '전화기'로 표현했습니다.

③ '치즈'를 표현하기 위해 '소', '젖', '메주'라는 일상 언어가 사용되었습니다.

④ '총각'이라는 말에서 과거 남자들의 머리 매는 방식을 짐작할 수 있습니다.

⑤ 복합어를 만드는 단어의 구성 방식은 예전과 현재가 비슷합니다.

응용

1 ③

도움글

1. • 대상 인식 방식에 따른 단어 표현 → 원어기 : 말을 멀리 보내다, 전화기 : 말을 전기로 보내다

• 기존 말과 결합 → 소젖메주 : 일상 단어를 통해서 대상 인식 (소젖+메주)

• 의미 변화 → 총각 : 머리를 땋아 갈라서 틀어 매는 행위에서 결혼하지 않은 성년 남자로 변화

• 시대상 반영 → 부대찌개 : 한국 전쟁 이후의 시대상이 반영된 단어

① 입술+연지 → '소젖메주'처럼 일상 단어를 조합한 말입니다.

② 변사 → '부대찌개'처럼 시대상이 반영된 단어입니다.

③ 수세미 → 한해살이풀의 이름인 '수세미'를 용도가 같은 설거지 도구의 이름으로 붙인 것이므로 '총각'처럼 의미 변화의 예가 아닙니다.

④ 가죽띠, 허리띠 → 원어기, 전화기처럼 대상에 대한 인식 차이가 반영된 단어입니다.

⑤ 양반 → 총각과 같은 부류의 단어로 당시의 신분 사회 관습을 알 수 있는 단어입니다.

맞춤법에 맞게 편지를 써요

1

맛잇는	➡	맛있는
된장찌게	➡	된장찌개
몇일	➡	며칠
않 하고	➡	안 하고

2 ①

3

'되로 주고 말로 받는다'의 뜻과 쓰임을 알고 싶다.   백과사전

'되'와 '말'의 낱말 뜻을 알고 싶다.   국어사전

'되'와 '말'을 사진이나 그림으로 찾아보고 싶다.   속담 사전

도움글

1. '몇일'의 바른 표기는 '며칠'입니다. 틀리기 쉬우니 정확히 익혀 둡니다.

2. 글을 쓸 때 사전 찾는 습관을 기르면 올바른 맞춤법을 익힐 수 있습니다.

3. 사전의 종류에 따라 얻을 수 있는 정보가 다릅니다. 알고 싶은 정보에 맞게 사전을 이용할 수 있도록 합니다.

국어사전을 활용해요

1

갖추다 / 읽다   능력 / 필요하다   추론 / 요약   효과 / 보고되다

2

모르는	설명하여	찾으려면
읽다가	나타내는	낮은
다르며	놓은	바꾸지

3

② 종이   ① 전자사전   ③ 짐작

도움글

1. 동사나 형용사는 형태가 바뀌는 낱말이고, 명사는 형태가 바뀌지 않는 낱말입니다.

2. '모르다'는 **모르는**, **모르니**, **모르고** 등으로 형태가 바뀝니다.

'설명하다'는 **설명하여**, **설명하니**, **설명하고** 등으로 형태가 바뀝니다.

'찾다'는 **찾으려면**, **찾으니**, **찾고** 등으로 형태가 바뀝니다.

'읽다'는 **읽다가**, **읽으니**, **읽고** 등으로 형태가 바뀝니다.

'나타내다'는 **나타내는**, **나타내니**, **나타내고** 등으로 형태가 바뀝니다.

'낮다'는 **낮은**, **낮으니**, **낮고** 등으로 형태가 바뀝니다.

'다르다'는 **다르**며, **다르**니, **다르**고 등으로 형태가 바뀝니다.

'놓다'는 **놓**아야, **놓**으며, **놓**고 등으로 형태가 바뀝니다.

'바뀌다'는 **바뀌**지, **바뀌**니, **바뀌**고 등으로 형태가 바뀝니다.

불규칙 동사의 경우나 'ㄹ' 탈락이 일어나는 동사는 어간의 모양이 바뀌기도 해서 여기서는 다루지 않기로 합니다.

3. 국어사전에 올라 있는 자모 순서는 다음과 같습니다.

자음: ㄱ ㄲ ㄴ ㄷ ㄸ ㄹ ㅁ ㅂ ㅃ ㅅ ㅆ ㅇ ㅈ ㅉ ㅊ ㅋ ㅌ ㅍ ㅎ

모음: ㅏ ㅐ ㅑ ㅒ ㅓ ㅔ ㅕ ㅖ ㅗ ㅘ ㅙ ㅚ ㅛ ㅜ ㅝ ㅞ ㅟ ㅠ ㅡ ㅢ ㅣ

국어사전에서 낱말을 찾는 방법은 위의 자모 순서를 참고하여, 찾는 낱말의 첫 번째 글자의 자음자 순서, 모음자 순서, 받침의 차례로 찾습니다. 이런 방식으로 그다음 글자도 낱자 차례대로 찾습니다.

3단계 수능형 지문 읽기　　　　　　　　　본문 26~31쪽

읽기 능력을 키워요

● **글 해설**

글을 읽으려면 글자 읽기, 요약, 추론 등의 읽기 기능, 어휘력, 읽기 흥미나 동기 등의 읽기 요소가 필요하다. 예전에는 지능의 차이가 글 읽기에 영향을 미친다고 생각했지만, 글 읽기에는 이러한 요소들이 다양하게 영향을 미친다.

● **주제**

글 읽는 능력은 다양한 요소들의 영향을 받는다.

● **문단 요약**

가 글을 읽기 위해 필요한 요소들이 있다.

나 어휘력이 높은 학생과 낮은 학생 간에 어휘력 격차는 점점 커진다.

다 읽기 요소를 갖춘 독자와 그렇지 못한 독자의 읽기 능력 격차가 점점 더 커지는 것을 매튜 효과로 설명하고 있다.

라 글 읽는 능력에는 매튜 효과 외에도 여러 요소가 영향을 미친다.

마 읽기 요소들은 글을 잘 읽게 하는 중요 동력이다.

어휘

1

요약	사람들의 좋은 평가가 세상에 널리 알려지는 것
추론	원하는 방향으로 끌어당김
명성	어떤 일을 이치에 따라 미루어 생각하여 옳고 그름을 따져 말함
견인	말이나 글의 요점을 잡아서 간추림

2

겨울 시기	형제와 자매, 남매를 통틀어 이르는 말	같은 시기, 또는 같은 기간	어떤 일이나 행동을 일으키게 하는 계기

3 ③

도움글

2 읽을 때 같은 소리가 나지만 뜻이 다른 낱말을 동음이의어라고 합니다. 문상에서 어떤 뜻으로 쓰였는지를 정확히 알아야 독해력이 높아집니다. 사전을 자주 이용하면 동음이의어를 많이 알 수 있습니다.

3. '격차'는 빈부, 임금, 기술 수준 따위가 서로 벌어져 다른 정도를 뜻합니다.

③에서는 다른 것과 통하지 못하게 사이를 막거나 떼어 놓는다는 뜻의 '격리'를 사용해야 합니다.

니다.

③ ⓒ은 학년이 올라가면 ⑤에 비해 더 많은 노력을 해야 어휘력 부족에서 벗어날 수 있습니다.

④ ⑤과 ⓒ 간의 어휘력 격차가 점점 커지는 것이 지능 차이라는 말은 글에 나오지 않습니다.

2. 어휘력이 높으면 높을수록 읽기 능력이 점점 더 향상되는 것은 어느 정도 맞는 사실이지만, 읽기 능력과 관련해서는 이외에도 다양한 이유가 있다고 했습니다. 특히 흥미나 동기 등은 기능적인 부분과 별도로 읽기 능력을 높일 수 있는 요소입니다. 〈보기〉의 내용은 사회적인 영향을 이야기하고 있기 때문에 ④의 내용과 부합합니다. 흥미로운 독서 모임 참여가 읽기 능력을 높이는 계기가 될 수도 있습니다.

이해

1 어휘력

2 ②

3 ②

도움글

1. 어휘력이 풍부할수록 더 많은 글을 읽게 되어 점점 더 어휘력이 높아진다고 했습니다.

2. 사회적 명성이나 물질적 자산이 많을수록 더 많이 가지게 되고, 그 결과 그렇지 않은 사람과 차이가 점점 커지는 현상을 '매튜 효과'라고 합니다.

3. ① '읽기에 필요한 요소'란, 읽기 기능(글자 읽기, 요약, 추론), 어휘력, 흥미나 동기를 말합니다.

② "읽기와 관련된 요소들에서 매튜 효과가 항상 나타나는 것은 아니다. 인지나 정서 발달은 개인마다 다르며, 한 개인 안에서도 그 속도가 시기마다 다르다."라고 했습니다.

국어 ③

1단계 그림과 함께 읽기   본문 32~33쪽

배경지식이 필요해요

1 다인

2 (예시 답안) 다인이는 아궁이를 직접 본 적도 없고, 방송으로 본 적도 없어서 이해하기 어려울 것이다.

3 (예시 답안1) 가영. 직접 경험이 제일 좋다고 생각한다. 가장 인상적이고 기억에 잘 남기 때문이다.

(예시 답안2) 나은. 다양하게 독서를 하는 게 좋다고 생각한다. 모든 것을 직접 경험하기는 어렵지만, 독서를 함으로써 다양한 간접 경험을 할 수 있기 때문이다.

응용

1 ⑤

2 ④

도움글

1. 도표를 읽을 수 있는지 확인하는 문제입니다. 도표는 학년이 올라갈수록 ⑤어휘력이 높은 학생과 ⓒ어휘력이 낮은 학생 사이의 어휘력 수준 차이가 더 커짐을 보여 줍니다.

① ⑤은 ⓒ에 비해 읽기 양이 많아서 어휘력 또한 더 큰 폭으로 높아집니다.

② ⓒ은 학년이 올라갈수록 ⑤과의 어휘력 격차를 줄이기가 힘들기 때문에 가능성이 커지지 않습

1, 2. 배경지식은 직접 경험이나 책, 방송 등으로 쌓을 수 있습니다. 다인이는 아궁이에 대한 배경지식이 없어서 내용을 이해하기 어려울 수 있습니다.

3. 배경지식을 쌓으려면 가장 좋은 방법은 독서이지만, 직접 경험이 좋다고 고르더라도 근거가 적절하면 맞는 것으로 합니다.

2단계 초등 교과서 읽기 　　　　　　본문 34~35쪽

문단 짜임을 이해해요

1

여러 개의 문장이 모여 하나의 생각을 나타내는 것을 문단이라고 합니다.	한 문단에는 여러 개의 중심 문장이 있습니다.	뒷받침 문장은 문단에서 기둥 같은 역할을 합니다.
○		

2 (1) 시장에는 다양한 물건들을 파는 가게들이 있다.

(2) 민화의 쓰임새는 여러 가지다.

(3) 우리 조상은 여러 가지 한과를 만들어 먹었다.

(4) 일회용품을 덜 써서 깨끗한 지구를 만들어야 한다.

1. 여러 개의 문장이 모여 하나의 생각을 나타내는 것을 문단이라고 합니다.

　한 문단에는 하나의 중심 문장이 있습니다. 문단에서 기둥 같은 역할을 하는 것은 중심 문장입니다.

3단계 수능형 지문 읽기 　　　　　　본문 36~41쪽

능숙한 독자의 능력과 태도를 익혀요

● 글 해설

능숙한 독자가 지니는 능력과 태도를 설명하는 글이다. 능숙한 독자는 글의 의미를 이해하고 재구성하기 위해 배경지식을 효과적으로 활용한다. 또한 능숙한 독자는 독서 준비를 철저히 하고, 독서를 할 때 달라진 독서 상황을 파악하여 그에 적합한 새로운 독서 전략을 적용하고 독서 행위를 조절한다. 우리 선조들도 경서를 읽을 때 배경지식을 활용하였고 상황에 어울리는 독서 전략을 운용했다. 능숙한 독자는 한 편의 글을 완전하게 이해하는 데 그치지 않고, 독서를 생활화하며 독서 경험을 통해 얻은 지식과 지혜를 사회 문제의 해결에 활용한다.

● 주제

능숙한 독자가 지니는 능력과 태도

● 문단 요약

가 능숙한 독자는 어떤 능력과 태도를 지니는지 의문을 제기한다.

나 능숙한 독자는 배경지식을 효과적으로 활용한다.

다 능숙한 독자는 읽을 글의 특성을 분석하고 자신의 독서 역량을 점검하여 독서 전략을 세운다.

라 선조들이 경서를 읽었던 태도는 능숙한 독자의 태도와 같다.

마 능숙한 독자는 지속적으로 독서를 한다.

어휘 　**1** 읽는

　　　　2 ②

3

맥락	문장 따위를 줄여 짧게 함. 예 그는 오늘 발표할 내용을 서너 가지로 ○○했다.
압축	몸이나 마음, 기술 따위가 어떤 단계에 도달해 있는 상태. 예 그의 음악은 이미 예술적인 ○○에 이르렀다.
경지	자연계를 지배하고 있는 원리와 법칙. 예 계절의 바뀜을 보며 자연의 ○○을 느낀다.
섭리	사물 따위가 서로 이어져 있는 관계나 연관. 예 그는 ○○도 통하지 않는 말을 주절주절 지껄였다.

도움글

1. '독자'의 한자어 풀이를 읽으며 낱말의 뜻을 익힙니다.

2. ②에서 '아직'이라는 말은 부정의 서술어와 호응하는 것이 자연스럽습니다. 그래서 '그 신입 사원은 아직 회사 일에 능숙하지 않다.'라고 해야 합니다.

이해

1 ⑤

2 압축

3 ⑤

도움글

1. 배경지식은 개인의 경험에 따라 달라지기 때문에 같은 학년이라도 모두 다를 수 있습니다.

2. 3. 경서는 글을 쓴 사람의 생각이 압축되어 있어서 내용을 쉽게 이해하기 어렵습니다. 우리 선조들은 내용이 잘 이해될 때까지 몇 번이고 반복해 글을 읽었습니다.

응용

1 ④

2 ④

도움글

1. ④의 자세는 이 글에서 말하는 능숙한 독자와는 거리가 멉니다. 본문에서 능숙한 독자는 이해가 잘 되지 않아도 글 읽기를 중단하지 않고 글의 앞뒤 맥락을 고려해 글의 의미를 구성한다고 말합니다. 이런 문제를 풀 때는 본문에서 말하는 내용이 무엇인지 잘 파악해서 풀어야 합니다.

2. 능숙한 독자는 균형 있는 독서를 꾸준히 하고 생활에서 실천해야 합니다. 다른 사람이 읽은 책 목록을 그대로 읽는 것은 초보 단계에서는 도움이 되지만 능숙한 독자라고 할 수는 없습니다. 능숙한 독자가 되려면 글 한 편을 완전히 이해하는 데 그치지 않고 지속적인 독서 활동을 지향해야 합니다. 꾸준히 자신의 독서 이력을 점검하고 앞으로 읽을 독서 목록을 정리하여 균형 있는 독서를 스스로 생활화합니다. 또한 독서 경험으로 얻은 지식과 지혜를 자신과 사회 문제 해결에 적극적으로 활용하는 것이 좋습니다.

사회 ❶

1단계 그림과 함께 읽기   본문 44~45쪽

기호를 해석해요

1 내일 우리 집에서 같이 공부하자. 엄마가 피자 시켜 주신대.

2

도움글

1. 암호를 풀어 보는 연습을 통해 기호로 하고 싶은 말을 표현할 수 있다는 것을 알 수 있습니다.

도움글

1. • 방위표를 보고 동서남북의 방위를 알 수 있습니다.
   • 방위표가 없는 경우에는 지도의 위쪽이 북쪽, 아래쪽이 남쪽이 됩니다.
   • 방위를 이용하면 사람이나 건물이 향한 방향과 관계없이 위치를 나타낼 수 있습니다.
   뒤집히거나 돌아간 방위표를 보고도 방향을 알 수 있어야 합니다.

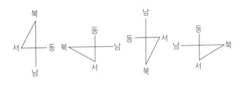

2단계 초등 교과서 읽기   본문 46~47쪽

지도를 읽어요

1
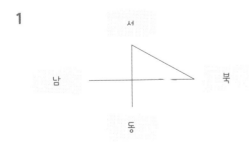

3단계 수능형 지문 읽기   본문 48~53쪽

여러 표지판을 읽어요

• 글 해설
고속 도로, 국도, 지방도에서 볼 수 있는 표지판 숫자의 뜻을 설명하는 글이다.
도로에 대한 설명, 표지판 모양, 표지판에 있는 숫자의 의미 등에 대해 설명하고 있다.

• 주제
도로에서 볼 수 있는 표지판의 의미

• 문단 요약

가 도로 표지판에 담겨 있는 여러 가지 정보

나 고속 도로 표지판의 특징과 모양, 숫자의 의미

다 국도 표지판의 특징과 모양, 숫자의 의미

라 지방도 표지판의 특징과 모양, 숫자의 의미

어휘

1

고 속 철 도 (高速鐵道)
시속 약 200km 이상으로 기차가 다니는 시설

고 속 도 로 (高速道路)
차의 빠른 통행을 위하여 만든 길

2 ②

3 (1) 주어진다

(2) 말한

 도움글

1. 高速(고속): 高 높을 고, 速 빠를 속

2. '거점'은 어떤 활동의 근거가 되는 중요한 지점을 뜻합니다. ②에서는 사물이나 현상을 관찰할 때 그 사람이 보고 생각하는 태도나 방향을 뜻하는 '관점'을 써야 합니다.

3. '부여되다'는 특정한 사람에게 무엇을 가지거나 지니도록 주어지는 것을 뜻합니다. '언급하다'는 어떤 문제에 대해 말한다는 뜻입니다.

이해

1 표지판

2

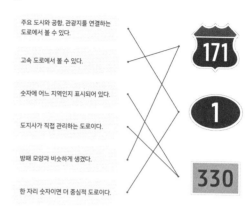

주요 도시와 공항, 관광지를 연결하는 도로에서 볼 수 있다.

고속 도로에서 볼 수 있다.

숫자에 어느 지역인지 표시되어 있다.

도지사가 직접 관리하는 도로이다.

방패 모양과 비슷하게 생겼다.

한 자리 숫자이면 더 중심적 도로이다.

도움글

2. 각 도로에서 볼 수 있는 표지판의 특징들을 읽고 연결해 볼 수 있도록 합니다.

 고속 도로 표지판

- 방패 모양
- 주요 거점 도시를 연결하는 도로에 사용
- 홀수는 남북, 짝수는 동서로 연결되어 있음을 표시

일반 국도 표지판

- 타원 모양
- 전국의 주요 도시와 공항, 관광지 등을 연결하는 도로에 사용
- 한 자리 번호가 적힌 경우 중심적인 역할을 담당

 지방도 표지판

- 직사각형 모양
- 도내의 시·군청 소재지들을 연결하고 있는 도로에 사용
- 도지사가 직접 관리
- 백의 자리와 천의 자리 숫자는 각 도의 고유 번호를 표시

응용

1 ③

2 ⑤

도움글

1. 직사각형 모양으로 지방도 표지판임을 알 수 있습니다. 뒷자리 ××는 짝수이기 때문에 동서 방향을 의미합니다. 10××는 경상남도를 의미합니다. 전국의 주요 도시와 관광지를 연결하는 도로는 국도에 대한 설명입니다. 지방도 표지판은 도지사가 관리하는 도로입니다.

2. ①, ② 글을 미리 읽지 않아서 의미를 몰랐던 것을 아쉬워하고 있습니다.

   ③, ④ 길에서 삼각형과 육각형 모양의 표지판을 찾아봤는데, 이 글에는 설명이 없어서 더 찾아보겠다고 말합니다.

사회 ❷

1단계 그림과 함께 읽기
본문 54~55쪽

개인 정보를 보호해요

1

가영

요즘 모르는 번호로 문자가 오곤 해.
모르는 번호로 온 문자는
눌러 보지 않고 있어.

나은

비밀번호를 자주 바꾸면 헷갈려.
난 모든 사이트 비밀번호가
다 똑같고 안 바꾸니까
하나만 기억하면 돼.

다인

내 생년월일이랑 전화번호만 적으면
게임 아이템을 준대.
바로 적어서 아이템을 받았어.
완전 이득.

라온

친한 친구가 내 정보로
사이트에 가입하겠다고 해서
알려 줬어.
친한 친구이니까 괜찮아.

도움글

1. 개인 정보란 이름, 전화번호, 주민 등록 번호, 주소와 같이 특정 개인을 알아볼 수 있는 정보를 말합니다. 만약 누군가 타인의 개인 정보를 악용한다면 안전과 재산에 큰 피해를 줄 수 있습니다. 불법으로 유출된 개인 정보는 각종 스팸 메일이나 스팸 문자를 보내는 데 활용되기도 하고, 본인도 모르는 사이에 특정 사이트에 가입되어 범죄의 도구로 사용되기도 합니다. 그래서 개인 정보를 스스로 지키기 위한 노력과 의식이 꼭 필요합니다.

2단계 초등 교과서 읽기

정보화에 대해 알 수 있어요

1 정보, 지식

2 휴대 전화나 인터넷

3

| 유입 : 문화, 지식 따위가 들어옴. | ↔ | 유출 |
| 불편 : 어떤 것을 사용하는 것이 거북함 | ↔ | 편리 |

4

| 다양한 정보를 쉽게 얻는다. | 필요한 지식을 빠르게 얻는다. | 개인 정보를 쉽게 얻는다. |
| ⓥ | ⓥ | ◯ |

도움글

3. 어휘력을 높이려면 단어를 볼 때 비슷한 말이나 반대되는 말들을 확인하는 습관을 갖도록 합니다.

4. 개인 정보를 쉽게 얻는 것은 정보화로 인한 장점이 아닙니다.

3단계 수능형 지문 읽기

개인 정보 보호법에 대해 알 수 있어요

• **글 해설**

개인 정보 자기 결정권이란 자신에 관한 정보가 언제, 누구에게 어느 범위까지 알려지고 이용될 것인지를 스스로 결정할 수 있는 권리를 의미하는데, 이러한 개인 정보 자기 결정권을 보호하기 위해 개인 정보 보호법이 제정되었다는 내용에 대해 설명하는 글이다.

• **주제**

개인 정보 자기 결정권을 보호하기 위한 개인 정보 보호법의 제정

• **문단 요약**

⑦ 사람들은 개인 정보 자기 결정권을 갖는다.

⑭ 개인 정보 자기 결정권은 기본권 중 하나이다.

⑮ 개인 정보 보호법은 개인 정보 자기 결정권을 보호하기 위한 법률이다.

⑯ 필요에 의해 개인 정보를 수집할 때 정보 주체의 동의를 구해야 한다.

⑰ 고유 식별 정보와 민감 정보는 별도의 동의가 필요하다.

어휘

1 데이터베이스

2

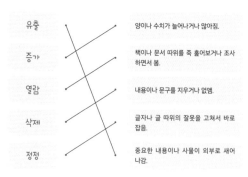

유출		양이나 수치가 늘어나거나 많아짐.
증가		책이나 문서 따위를 죽 훑어보거나 조사하면서 봄.
열람		내용이나 문구를 지우거나 없앰.
삭제		글자나 글 따위의 잘못을 고쳐서 바로 잡음.
정정		중요한 내용이나 사물이 외부로 새어 나감.

도움글

1. 데이터베이스(database)는 영어 'data'와 'base'의 합성어입니다. base는 기초, 기반이라는 뜻이고, data는 자료, 데이터를 뜻합니다. 데이터베이스는 모두가 공유할 수 있도록 데이터들을 모아 놓은 것을 말합니다.

1 개인 정보 자기 결정권

2 헌법

3

사망자의 이름	개인의 주민 등록 번호	얼굴을 알아볼 수 있는 사진
Ⓥ	○	○
법인에 관한 정보	다른 정보와 결합했을 때 누구인지 알 수 있는 정보	누구인지 알 수 있는 동영상
Ⓥ	○	○

도움글

2. 우리나라는 헌법 제17조에 사생활의 비밀과 자유가 보장되어야 한다는 내용이 드러나 있는데, 이 내용을 근거로 개인 정보 자기 결정권이 기본권 중 하나임을 인정하고 있습니다.

3. 개인 정보 보호법에서 규정하는 '개인 정보'는 살아 있는 개인에 관한 정보로, 사망자나 단체 혹은 법인에 관한 정보는 개인 정보에 포함되지 않습니다.

 1 ⑤
2 ⑤

도움글

1. 헌법 제 17조에서 보장하는 권리가 개인 정보 자기 결정권의 권리를 보장하는 데 소극적이라는 근거가 되는 문장을 찾아야 합니다. 개인 정보 자기 결정권은 개인 정보에 대해 열람 삭제 정정 등의 행위를 요구할 수 있는 권리를 포함하는데, 헌법 제 17조에서는 그런 권리까지 나와 있지 않기 때문에 소극적이라고 하는 의견의 근거로 삼을 수 있습니다.

① 개인 정보 자기 결정권은 자신에 관한 정보가 언

제, 누구에게, 어느 범위까지 알려지고 이용될 것인지를 스스로 결정할 수 있는 권리이므로 공익을 목적으로 타인의 개인 정보를 자유롭게 이용할 수 있는 권리에 해당한다고 보기는 어렵습니다.

② 특정 대상에 대한 개인적 견해와 같은 사적인 정보를 보호받을 권리는 소극적 성격의 권리로 해석될 수 있습니다. 따라서 적극적으로 타인에게 일정한 행위를 요구할 수 있는 권리의 성격으로 볼 수 없습니다.

③ 개인 정보 자기 결정권은 정보 주체의 동의 없이 개인 정보를 개인 정보 처리자에게 제공하도록 허용하는 권리가 아닙니다.

④ 개인 정보 자기 결정권은 개인 정보에 대한 정보 주체의 권리를 의미하는데, 이 권리가 정보 주체의 이익보다 개인 정보의 활용으로 인한 사회적 이익을 우선하여 보장한다고 보기 어렵습니다.

2. 이 글의 내용에 따르면, 사망자나 단체에 관한 정보는 개인 정보에 포함되지 않습니다. 이부자 장학 재단이라는 명칭은 단체 이름이므로 개인 정보 보호법에서 규정하는 개인 정보에 해당하지 않습니다. 또한 사망자인 '이부자'라는 이름 역시 개인 정보에 해당하지 않습니다.

① 담임을 맡은 학급과 함께 이름이 제공될 경우 개인을 알아볼 수 있는 정보가 되므로 개인 정보에 해당합니다.

② 개인의 휴대 전화 번호는 개인을 알아볼 수 있는 정보이므로 개인 정보에 해당합니다.

③ 사망자의 유족은 살아 있는 사람이며 얼굴을 촬영한 동영상은 개인을 알아볼 수 있는 정보이므로 개인 정보에 해당합니다.

④ 원격 수업에 참여한 학생들의 얼굴이 나오는 컴퓨터 화면을 캡처한 이미지는 개인을 알아볼 수 있는 정보이므로 개인 정보에 해당합니다.

1단계 그림과 함께 읽기 　　　　본문 64~65쪽

옛사람들의 생활을 알 수 있어요

1 빨,짜,땋,펴

2

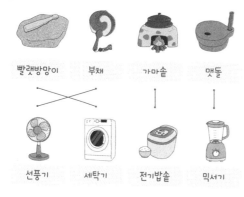

빨랫방망이　부채　가마솥　맷돌

선풍기　세탁기　전기밥솥　믹서기

도움글

1. • 빨다 : 옷 따위의 물건을 물에 넣고 주물러서 때를 없애다. **예** 옷을 빨다.

• 짜다 : 누르거나 비틀어서 물기나 기름 따위를 빼내다. **예** 치약을 짜다.

• 땋다 : 머리털이나 실 따위를 둘 이상의 가닥으로 갈라서 어긋나게 엮어 한 가닥으로 하다. **예** 할머니께서 내 머리를 땋아 주셨다.

• 펴다 : 접히거나 포개진 것을 젖혀 벌리다. **예** 우산을 펴다.

2단계 초등 교과서 읽기 　　　　본문 66~67쪽

우리의 세시 풍속을 알 수 있어요

1

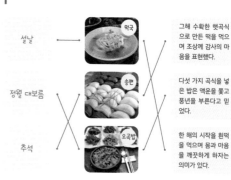

설날 　　 그해 수확한 햇곡식으로 만든 떡을 먹으며 조상께 감사의 마음을 표현했다.

정월 대보름 　　 다섯 가지 곡식을 넣은 밥은 액운을 쫓고 풍년을 부른다고 믿었다.

추석 　　 한 해의 시작을 흰떡을 먹으며 몸과 마음을 깨끗하게 하자는 의미가 있다.

떡국 / 송편 / 오곡밥

2 寒食

3 ②

도움글

2. 지문에 '한식에는 불을 사용하지 않고, 찬 음식을 먹었다.'는 내용이 나옵니다. 찬 음식을 먹는다는 뜻에서 한식이라는 이름이 생겼습니다.

한식은 우리나라 명절 가운데 하나입니다. 불을 피우지 않고 찬 음식을 먹는 날로 대략 4월 5일경입니다. 한식이 되면 조상의 산소를 찾아 벌초도 하고 제사를 지냅니다.

3. 단오에는 제사를 지내지 않고, 한식에 제사를 지냅니다.

3단계 수능형 지문 읽기 　　　　본문 68~73쪽

전통 부채의 가치를 알 수 있어요

• 글 해설

부채는 선풍기나 에어컨이 없던 시절 여름 필수품이

었다. 부채 관련 유물을 통해 기원전부터 사용했음을 알 수 있다. 우리나라 부채는 품질도 좋고, 예술미도 있었다. 선비들은 부채를 통해 자신을 표현했다.

- 주제
우리나라 부채의 역사 및 가치

- 문단 요약
㉮ 부채는 조상들의 여름 필수품으로 기원전부터 사용되었다.

㉯ 우리나라의 다양한 전통 부채는 품질이 우수하다.

㉰ 우리나라 부채의 종류는 둥글부채, 접부채가 있다.

㉱ 우리 조상들은 단오에 부채를 선물했으며 부채는 그 자체로 빼어난 공예품이다.

㉲ 부채는 장식과 표현의 가치가 있는 예술품이다.

어휘

1

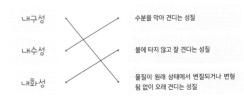

내구성 ─── 수분을 막아 견디는 성질

내수성 ─── 불에 타지 않고 잘 견디는 성질

내화성 ─── 물질이 원래 상태에서 변질되거나 변형됨 없이 오래 견디는 성질

2

둥근 부채	접부채	쥘부채
둥글다	접다	쥐다

3 ④

도움글

1. 한자를 알면 의미를 파악할 수 있습니다.
   - 내구성(耐 견딜 내, 久 오랠 구, 性 성질 성)

- 내수성(耐 견딜 내, 水 물 수, 性 성질 성)
- 내화성(耐 견딜 내, 火 불 화, 性 성질 성)

3. '두루'는 '빠짐없이 골고루'라는 뜻입니다.

이해

1 (1) 여름 (2) 끝나고, 시작하기

2

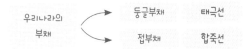

우리나라의 부채 → 둥글부채   태극선

우리나라의 부채 → 접부채   합죽선

3 그림, 글

도움글

1. 내용에 맞는 단어를 문장에 어울리는 형태로 바꾸어 써 봅니다.
2. (다) 문단에 나오는 내용입니다. 둥글부채는 둥근 형태를 띠는데, 태극 모양을 넣은 태극선이 가장 많이 알려져 있습니다. 접부채는 접었다 폈다 할 수 있는 부채로, 합죽선이 가장 널리 알려져 있습니다.

응용   1 ⑤

2 ②

도움글

1. 추가 자료나 그림 자료를 제공하는 것은 독자의 이해를 돕습니다. 현대의 공예 부채는 이 글의 내용을 이해하는 데 도움이 되지 않습니다.
2. 글의 내용을 그대로 이해하는 것도 좋지만, 글을 읽은 후 추가할 점이나 의문점을 정리해 보는 것도 독서 습관을 기르는 데 도움이 됩니다.
   학생 1과 2는 모두 이 글을 읽기 전 자신이 알고 있던 내용(배경지식)에 대해 이야기하고 있습니다.

① 학생 1만 대나무 이야기를 추가하면 좋겠다고 했습니다.

③ 학생 2만 부채에 대해 무심코 지나쳤던 자신의 태도를 반성하고 있습니다.

④ 학생 2만 인터넷으로 더 찾아보고 싶다고 말합니다.

⑤ 두 학생 다 기존 지식을 수정하겠다는 내용은 없습니다.

1단계 그림과 함께 읽기   본문 76~77쪽

그림자를 찾아요

1 ①

(예시 답안) 피터 팬은 깃털이 왼쪽에 꽂힌 모자를 쓰고, 코가 **뾰족한** 신발을 신고 있다. ②번 그림자는 깃털 위치는 맞지만, 발목이 긴 신발을 신은 점이 다르다. ③번 그림자는 모자 깃털의 위치가 다르다.

2

☐ Ⅴ ☐

도움글

1. 주어진 대상을 자세히 관찰하고 어떤 점이 다른지 정확한 문장으로 써 봅니다.

2. 복잡한 대상을 묘사하는 글을 읽을 때에는, 글에 나오는 순서대로 하나하나 천천히 대조하며 찾는 것이 좋습니다.

2단계 초등 교과서 읽기   본문 78~79쪽

그림자의 원리를 이해해요

1 ④

2 ①

3 직진

4 가까이, 멀리

> **도움글**

1. 한자어인 '직진(直 곧을 직, 進 나아갈 진)'은 곧게 나아간다는 뜻입니다.

   ④ 직업(職 직분 직, 業 업 업)에서 '직'은 직분이라는 의미로, 다른 네 개 보기와 뜻이 다릅니다.

2. 지문의 문장에서 '통과'는 어떤 곳이나 때를 거쳐 지나감이라는 뜻으로 사용되었습니다.

   이와 비슷한 뜻으로는 '장애물에 빛이 비치거나 액체가 스미면서 통과한다'는 의미의 '투과'(①)와 바꿔 쓸 수 있습니다.

   ② 합격(合格) : 시험, 검사, 심사를 통해 어떠한 자격이나 지위를 얻음.

   ③ 돌격(突擊) : 갑작스럽게 공격함.

   ④ 승인(承認) : 어떤 일을 마땅하다고 받아들임.

   ⑤ 경유(經由) : 어떤 특정한 곳을 거쳐 지남.

3단계 수능형 지문 읽기   본문 80~85쪽

그림자와 문화의 관계를 파악해요

● 글 해설

그림자놀이나 그림자극은 역사가 오래되고, 대부분의 문화권에서 행해졌다. 예전에는 그림자를 주술적인 의미로 이해하던 시대도 있었다. 하지만 사람들은 그림자가 빛에 의해 생기는 원리를 이용해 그림자 애니메이션 같은 예술 작품을 만들기도 했다. 그림자 애니메이션은 실루엣만을 이용하기 때문에 관객들의 시적인 상상력을 자극한다.

● 주제

그림자의 원리를 활용하여 그림자극과 그림자 애니메이션 등이 만들어짐

● 문단 요약

가 그림자놀이의 역사는 오래되었다.

나 그림자는 놀이뿐 아니라 대중문화의 주제와 소재로 활용되었다.

다 그림자에 주술적 의미를 부여한 시대도 있었다.

라 그림자극은 대부분의 문화권에서 행해졌다.

마 그림자를 이용한 그림자 애니메이션이 등장했다.

어휘

1 (1) 환자 (2) 버스 (3) 한글

2 ⑤

3

| 동적(動的) : 움직이는 성격의 것 | ⟷ | 정적 |
| 연속적(連續的) : 연달아 이어지는 것 | ⟷ | 분절적 |

> **도움글**

1. 빈칸의 앞뒤 말의 맥락을 살펴보면 들어갈 말을 추측할 수 있습니다.

   (1) 환자 전용 엘리베이터는 침대나 휠체어를 사용하는 환자들의 이동 수단이기 때문에 일반 방문객이 사용하는 엘리베이터보다 공간이 더 넓습니다.

   (2) 버스 전용 차선은 일정 시간 동안 버스나 일정 규모 이상의 다인승 차량만 통행하게 해서 교통 흐름이 원활할 수 있도록 합니다.

   (3) 한글 전용은 우리말을 적을 때 한자나 영문을 쓰지 않고 한글만 쓰는 것을 말합니다. 한자 혼용은 동음이의어가 많은 우리말의 특성상 뜻을 분명히 전달하기 위해 한자와 한글을 같이 쓰는 것입니다.

2. ⑤는 '실체' 대신 '실제'로 써야 합니다.

   ● 실체 : 어떤 대상의 진정한 정체나 본질. 예 그 사건의 실체가 검찰에 의해 드디어 밝혀졌다.

   ● 실제 : 있는 사실이나 현실 그대로의 또는 나타나거나 당하는 그대로의 상태나 형편. 예 실제 상황.

3. • 동적 : 움직이는 성격의 것.
 • 정적 : 움직임이 없는 상태의 것.
 • 연속적 : 연달아 이어지는 것.
 • 분절적 : 몇 개의 마디나 절로 나누는 것.

 이해

1 괴테, 안데르센

2 아흐메드 왕자의 모험

3 ⑤

도움글

1, 2. 글을 있는 그대로 이해하고 찾는 문제입니다.

3. 그림자 애니메이션은 다양한 색채가 아니고 단순한 캐릭터와 색채로 표현됩니다.

 응용

1 ④

2 ④

도움글

1. 그림자극은 중국 송나라 때 발전했지만, 유럽으로 건너가 성행하며 대부분의 문화권에서 행해졌다고 나와 있습니다.

2. 특별한 기술 없이도 빛이 존재하는 공간이 있다면 어디든 사람들은 그림자로 놀이를 만들었다는 내용이 글에 나옵니다. 문제의 보기가 길면 내용의 흐름을 파악하기 어려울 수 있습니다. 그럴 때는 문장마다 맞는 내용인지 잘못된 내용인지 나누어 파악하면 도움이 됩니다.

과학 ②

1단계 그림과 함께 읽기   본문 86~87쪽

식물을 이용해요

1

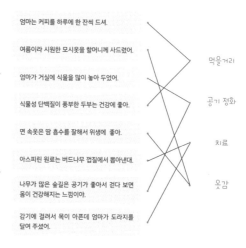

2 (1) 국거리 (2) 일거리 (3) 볼거리

도움글

1. 생활 속에서 식물의 특성을 활용한 예를 이해하는 쪽에 초점을 두면서 문제를 풀어 봅니다.

2. 먹을거리, 먹거리 모두 표준어입니다. '-거리'는 명사와 명사가 결합하거나, 혹은 앞의 수식하는 말이 '-ㄹ(을)'의 형태로 결합해야 하지만, 먹거리도 많은 사람이 사용하여 표준어로 인정받았습니다. 다만 둘의 뜻은 조금 다릅니다.

 • 먹을거리 : 먹을 수 있거나 먹을 만한 음식 또는 식품. **예** 시장에 가서 먹을거리를 장만했다.

 • 먹거리 : 사람이 살아가기 위하여 먹는 온갖 것. **예** 환경 오염으로 안전한 먹거리에 대한 관심이 높아졌다.

 (1) 국거리 : 국을 끓이는 데 넣는 고기, 생선, 채소 따위의 재료를 통틀어 이르는 말.

(2) 일거리 : 일을 하여 돈을 벌 거리.

(3) 볼거리 : 사람들이 즐겁게 구경할 만한 물건이나 일.

사례를 이야기하고 있다.

거미의 특성을 모방하여 만든 '리프', 뱀의 특성을 모방하여 만든 '스코프', 두더지의 특성을 모방하여 만든 '몰봇' 등의 로봇들은 인간이 할 수 없는 어려운 일들을 대신한다.

2단계 초등 교과서 읽기
본문 88~89쪽

식물의 특징을 활용해요

1 갈고리, 털

2 단풍나무 열매

3 우리는 생활에서 식물의 특징을 여러 가지 방법으로 활용한다.

4 ④

도움글

1, 2, 3. 사람들은 식물의 특성을 활용해 생활에서 유용한 물건을 많이 만듭니다.

4. 내용이나 주제를 이해하기 위한 읽기 방법은 내용과 주제와 관련 있는 활동이어야 합니다. 물이 부족한 지역에서 식물의 특성을 본떠서 만든 장치로 빗물을 모았다는 것이 중심 내용입니다. 그 지역이 어디인지 아는 것은 주제와 관련이 멉니다.

3단계 수능형 지문 읽기
본문 90~95쪽

자연을 모방해 도구를 만들어요

● 글 해설

사람들은 식물이나 동물을 그 자체로도 이용하지만, 특성을 모방하여 물건을 만들기도 한다. 이 지문에서는 특히 동물의 특성을 모방해 만든 '생체 모방 로봇'의

● 주제

동물의 특성을 모방해 만든 '생체 모방 로봇'은 인간이 할 수 없는 일들을 보완해 준다.

● 문단 요약

㉮ 자연물을 모방한 로봇을 '생체 모방 로봇'이라 한다.

㉯ 인간이 자연을 모방하는 이유

㉰ 거미에게 영감을 받은 로봇

㉱ 뱀에게서 아이디어를 얻어 개발한 로봇

㉲ 두더지 모양의 로봇

㉳ 자연은 최고의 스승이다.

어휘

1 생체 모방

2

강진 (強 강할 강, 震 우레 진)	지하자원 따위가 땅속에 묻혀 있음.
희토류 (稀 드물 희, 土 흙 토, 類 무리 류)	진도 5 이상의 강한 지진을 이름.
고갈 (枯 마를 고, 渴 목마를 갈)	어떤 일의 바탕이 되는 돈이나 물자, 소재, 인력 따위가 다하여 없어짐.
매장 (埋 묻을 매, 藏 감출 장)	자연계에 매우 드물게 존재하는 17개의 금속 원소를 이름.

도움글

1. 긴 글을 읽을 때에는 글 안에서 가장 핵심이 되는 주제어가 무엇인지 파악하는 것이 중요합니다. 글에서 여러 가지 사례가 나열되고 있다면, 글의 중심이 되는 문장이나 핵심어는 주로 그 글의 앞부분에 위치합니다.

2. 한자어에서는 각 한자의 뜻을 알고 있다면 단어의 뜻을 파악하기 쉽습니다. 만약 한자의 뜻을 잘 모른다면 그 단어가 사용된 문장이나 표현의 앞뒤 맥락을 파악해 단어의 뜻을 짐작할 수 있습니다.

1

뱀은 길고 가는 몸으로 좁은 틈도 자유롭게 들어감.

거미는 거미줄을 활용해서 자유롭게 뛰고 착지함.

두더지는 흙이 무너지지 않게 땅을 파고 흙을 치움.

줄을 이용하여 공중을 뛰어오른 후 자유롭게 착륙하는 로봇

극한 지역에서도 지하를 뚫고 자원을 탐사할 수 있는 로봇

사람 대신 좁은 틈으로 들어가 현장을 수색하는 구조

2 (예시 답안) 생존 경쟁에서 살아남은 생물체가 지닌 우수한 특성을 모방해서 사람에게 없는 부분을 보완하기 위해서이다.

3 레오나르도 다빈치

도움글

1. 동물의 특성에 맞는 로봇을 찾으면 됩니다.
2. '생존 경쟁에서 살아남은 생물체가 지닌 우수한 특성 때문'만을 답으로 선택해도 맞지만, 이 내용을 좀 더 풀어 써 보도록 해 봅시다.

응용　**1** ⑤
　　　　2 ⑤

도움글

1. 글에서는 스코프가 이미 활용되고 있다고 나옵니다.
2. ① '학생 1'은 몰봇이 우리나라에서 개발한 로봇인지 몰랐던 것을 새로 알게 되었다고 말합니다.

② '학생 1'은 우리나라에서 만든 로봇에 대해 더 찾아보겠다고 말합니다. '학생 2'는 거미의 행동을 모방한 로봇의 쓰임에 대해 궁금증을 드러내고 있습니다.

③ '학생 3'은 알게 된 내용과 더 조사한 내용을 조 친구들에게 알려 주려고 합니다.

④ '학생 1, 2, 3' 모두 글을 읽고 난 후 관련 내용을 더 찾아보거나 알아보려고 합니다.

⑤ '학생 2'만 글에 나온 정보에 출처가 언급되지 않았음을 지적합니다.

과학 ③

1단계 그림과 함께 읽기　　　본문 96~97쪽

층간 소음을 줄여요

1

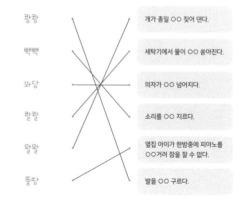

광광　　　　　　　개가 종일 ○○ 짖어 댄다.

빡빡　　　　　　　세탁기에서 물이 ○○ 쏟아진다.

꽈당　　　　　　　의자가 ○○ 넘어지다.

콸콸　　　　　　　소리를 ○○ 지르다.

왈왈　　　　　　　옆집 아이가 한밤중에 피아노를 ○○거려 잠을 잘 수 없다.

뚱땅　　　　　　　발을 ○○ 구르다.

2 (1) 질질
　　(2) 겅중겅중, 사뿐사뿐

(3) 소곤소곤

(4) 뚝딱뚝딱

도움글

1, 2. 사람이나 사물의 소리를 흉내 낸 말인 의성어(擬聲語)와 사람이나 사물의 모양이나 움직임을 흉내 낸 말인 의태어(擬態語)를 사용하면 좀더 재미있고 실감나게 표현할 수 있습니다.
의성어, 의태어 학습과 함께 층간 소음의 예절에 대해서도 한 번 더 생각해 보도록 합니다.

2단계 초등 교과서 읽기 　　　본문 98~99쪽

소음을 줄이는 도구를 활용해요

1

2 기분, 건강

3 크기, 방음벽

도움글

1. 소음, 방음벽 등의 단어를 보면서 '음(音)'이 소리를 나타내는 한자임을 알 수 있습니다.

2. 지문을 잘 읽으면 소음이 시끄러운 소리이고 사람의 건강에 좋지 않다는 사실을 알 수 있습니다.

3. '방음(防 막을 방, 音 소리 음)'은 소리를 막는다는 뜻입니다.

3단계 수능형 지문 읽기 　　　본문 100~105쪽

백색 소음에 대해 알 수 있어요

● 글 해설

백색 소음의 정의, 예시, 효과 등에 대해 설명하고 주의점까지 언급하며 마무리하고 있다. 소음은 사람에게 안 좋은 영향을 주지만, 백색 소음은 집중력을 높여 주는 효과가 있다. 뇌파 반응 검사를 통해 백색 소음으로 집중력이 47.7퍼센트 높아졌다는 결과를 제시함으로써 객관적인 사실을 소개하고 있다.

● 주제

백색 소음은 집중력을 높여 주지만 과도하면 해로울 수 있다.

● 문단 요약

가 백색 소음의 효과

나 백색 소음의 특징

다 백색 소음의 종류

라 백색 소음의 효과에 대한 과학적 분석

마 백색 소음의 주의할 점

어휘

1 데시벨

2 (1) 판단하지

　(2) 든, 줄어들었으며

　(3) 높여

3 ⑤

도움글

2. (1) 인식하다 : 사물을 분별하고 판단하여 알다.

　(2) 단축되다 : 시간이나 거리 따위가 짧게 줄어들다.

　(3) 향상하다 : 이전보다 더 나아지거나 높아지다.

3. '소음-잡음'은 반대말이 아니라 비슷한말 관계입니다.

이해

1 (1) 불쾌감, 집중력 (2) 베타파 (3) 알파파

2 ④

도움글

1. 베타파와 알파파는 뇌파의 상태를 말합니다. 베타파는 긴장이나 걱정 상태에서 발생한다고 하고 알파파는 편안한 상태일 때 발생한다고 합니다.

2. 백색 소음은 파도 소리, 바람 소리, 시냇물 흐르는 소리처럼 자연에서 나는 소리와 진공청소기 소리, 공기 청정기 소리처럼 인공적인 소리로 나눌 수 있습니다. 하지만 자연에서 나는 백색 소음이 집중력 향상에 더 효과적이라는 말은 나와 있지 않습니다.

 응용

1 ④

2 ③

도움글

1. ④처럼 글을 읽고 생긴 의문점을 해결하는 방법에 대한 언급은 나와 있지 않습니다.
① 증명할 자료가 제시되어 있지 않아서 믿기 어렵다고 말하고 있습니다.
② 인공적인 백색 소음과 자연에서 나는 백색 소음의 효과에 대한 내용을 더 추가하면 좋겠다고 했습니다.
③ 과학 시간에 배운 소음에 대해 떠올리며 읽었다는 내용이 나옵니다.
⑤ 글을 통해 알게 된 정보를 엄마에게 들려 드리겠다고 하고 있습니다.

2. 글에서는 백색 소음이 집중력을 높여 준다고 해도 일부러 찾아 들으면 오히려 집중력이 떨어질 수 있다고 나옵니다.

과학 ④

1단계 그림과 함께 읽기　　　본문 106~107쪽

암석을 관찰해요

1 (1) 화강암 (2) 현무암

2 (1) 현무암 (2) 화강암

도움글

1. 화강암과 현무암은 화성암의 일종으로, 마그마가 굳어진 위치와 시간에 따라 다르게 만들어집니다.

2. 제주도의 돌하르방과 석굴암의 본존불은 각각 현무암과 화강암의 대표적인 조각상입니다.

2단계 초등 교과서 읽기　　　본문 108~109쪽

암석의 특징을 알 수 있어요

1 (1) 화성암 (2) 퇴적암 (3) 변성암

2

역암
(礫 조약돌 역, 巖 바위 암)

사암
(砂 모래 사, 巖 바위 암)

이암
(泥 진흙 이, 巖 바위 암)

알갱이의 크기가 진흙과 같이 작은 것이 굳어져서 된 암석.

모래보다 알갱이가 더 굵은 자갈로 이루어진 암석.

알갱이의 크기가 진흙보다 더 큰 모래로 이루어진 암석.

3 (1) 화강암, 현무암 (2) 석회암, 이암 (3) 편마암, 규암

도움글

1. 화강암, 퇴적암, 변성암의 정의를 알아 둡니다.

2. 퇴적암은 퇴적물이 다져지고 굳어져서 만들어지는

데 퇴적물의 종류에 따라 이름이 달라집니다. 한자를 알면 그 이름이 왜 붙여졌는지 알 수 있습니다.

3. 지문에 화성암과 퇴적암, 변성암의 특징과 종류에 대해 잘 나와 있습니다.

3단계 수능형 지문 읽기   본문 110~116쪽

암석의 변성 작용을 알 수 있어요

● 글 해설

변성 작용에 영향을 주는 여러 요인들 중에서 온도와 압력을 중심으로 변성 작용과 변성암에 대해 설명한 글이다. 암석에 온도와 압력이 가해지면 변성 작용이 일어나 암석을 구성하고 있는 광물에 많은 변화가 생겨 결국 변성암을 형성하게 된다. 변성 작용은 온도의 높이와 압력의 크기에 따라 크게 저변성 작용과 고변성 작용으로 나누고 그에 따라 만들어지는 암석도 차이가 난다. 저변성암은 입자가 미세하고 고변성암은 입자가 크다.

암석에 드러나 있는 변화의 과정을 분석하는 것이 지질학자들의 임무이다.

❶ 산맥 산지의 봉우리들이 연속적으로 이어진 지형
❷ 해수면 대기와 접한 바다 표면
❸ 심해저 수심 2천 미터 이상 아래에 넓게 펼쳐진 평탄한 지형
❹ 퇴적암 퇴적 작용에 의해 형성된 암석
❺ 현무암질층 대륙 지각 하부 해양 지각을 이루는 현무암질 암석층
❻ 화성암 마그마가 식어 만들어진 암석의 총칭
❼ 변성암 고온 고압의 변성 작용에 의해 형성된 암석
❽ 화강암질층 지표에 가까운 부분을 이루는 화강암질 암석층
❾ 관입암 지각 중에 고결된 화성암체
❿ 화산 땅속 가스나 마그마 등의 물질이 분출하는 곳

● 주제

지각 내 기존의 암석이 온도와 압력에 의해 변화해서 새로운 암석인 변성암이 된다.

● 문단 요약

㉮ 온도와 압력의 변화에 의해 지각 내 암석의 조직이 변하는 것을 변성 작용이라고 한다.

㉯ 변성 작용의 요인 ① - 온도

㉰ 온도가 높을수록 변성 작용이 활발해진다.

㉱ 변성 작용의 요인 ② - 압력

㉲ 저변성암과 고변성암의 광물 입자

㉳ 변성암에는 지각에서 일어난 일들이 보존되어 있다.

어휘

1 (1) 퇴적암 (2) 변성암

2

지각   물질이 어떤 성분을 포함하고 있음.
              ㉲ 과일에는 비타민이 풍부하게 ○○되어 있다.

              지구의 가장 바깥쪽을 둘러싼 부분.
매몰   ㉲ ○○ 변동으로 특이한 지형이 형성되기도 한다.

              보이지 않게 파묻히거나 파묻음.
함유   ㉲ 그 마을은 지난번 산사태로 ○○되었다.

도움글

1. 한자를 외울 필요는 없습니다. 퇴적암, 변성암의 뜻을 한자의 의미를 보며 이해하도록 합니다.

이해

1 온도, 압력

2 수직

암이 점판암보다 더 높은 온도와 더 큰 압력을 받아 형성된 암석이라고 할 수 있습니다.

도움글

1. 변성암은 기존의 암석이 온도와 압력에 의해 성질이 변해서 만들어집니다.

2. 지식을 묻는 문제가 아닙니다. "광물들은 층의 방향이 최대 응력 방향과 수직을 이루는 방향으로 배열된다. 이렇게 새롭게 생성된 판 형태의 운모류 광물들이 보여 주는 면 조직을 '엽리'라고 부른다." 이 부분을 읽으면 찾아낼 수 있는 문제입니다. 국어 영역에서의 독해는 기존 지식을 묻는 것이 아니고 문장의 이해력을 묻는 것이기 때문에 문제에서 관련 있는 문장을 찾아 정리해 볼 수 있도록 합니다.

 응용

1 ⑤

2 ⑤

도움글

1. ⑤ 광물들은 차등 응력이 가해지는 방향과 수직인 방향으로 배열된다고 했으므로, 광물들이 차등 응력이 가해지는 방향과 동일한 방향으로 배열된다는 것은 적절하지 않습니다.

2. 지문 내용을 주어진 자료에 적용하는 문제입니다.

(마) 문단을 보면 알 수 있습니다. 저변성암은 입자들을 현미경으로 관찰할 수 있고, 고변성암은 육안으로 볼 수 있다고 했습니다.

① 셰일은 변성 받지 않은 암석이고 점판암은 변성 작용을 받은 암석입니다.

② 석영은 퇴적암인 셰일과 변성암인 편마암에 모두 포함되어 있는 광물이므로 석영의 존재 여부만으로는 두 암석을 구별하기 어렵습니다.

③ 변성암에는 지각에서 일어난 모든 일들이 보존되어 있다고 했으므로, 셰일이 편암이나 편마암이 되는 과정 중 지각에서 일어난 일들도 암석에 흔적으로 남아 있게 된다고 볼 수 있습니다.

④ 점판암은 저변성 작용에 의해 형성된 암석이고 편암은 고변성 작용을 받아 형성된 암석이므로, 편